Revue Amazonienne d'Etudes du Développement International et du Management

Amazonian Journal of International Development and Management Studies

Nº 2 / 3 – Janvier-décembre 2022, janvier-juin 2023

REVUE AMAZONIENNE D'ETUDES DU DEVELOPPEMENT INTERNATIONAL ET DU MANAGEMENT

Amazonian Journal of International Development and Management Studies

N° 2 / 3 – Janvier-décembre 2022, janvier-juin 2023

L'Harmattan

BETA EMADD BIO
Bureau d'Etudes Thématiques Appliquées
en Economie Management Droit du Développement et de la Biodiversité
DFR SJE Université de Guyane

Expertise & Développement
Rue Christophe Colomb, 97300 Cayenne, Guyane

MINEA

UR 7485

5-7, rue de l'École-Polytechnique ; 75005 Paris
http://www.editions-harmattan.fr
ISBN : 978-2-14-029415-0
EAN : 9782140294150

Amazonian Journal of International Development and Management Studies
Revue Amazonienne d'Études du Développement International et du Management

The Amazonian Journal of International Development and Management Studies is published two times a year by the Department of Economics and Management of the University of Guiana and the Expertise and Development Association.

Please address all correspondence to:

Amazonian Journal of International Development and Management Studies
University of Guiana
DFR SJE, Campus of Troubiran
2091 Baduel Road
BP 20792 97337 Cayenne
French Guiana
French Republic
Phone: 00 +1 05 94 29 99 10
00 +1 05 94 29 99 32

Subscriptions and sales
Annual subscriptions start with the first issue in the calendar year.

Please mail orders to the above address or to the emails following:

Paul.roselle@univ-guyane.fr
Paul.rosele-chim@wanadoo.fr

Nestor Radjou
Exp.dev@orange.fr

The Amazonian Journal of International Development and Management Studies is published in France by L'Harmattan Publishers Paris France with the assistance of the BETA EMADD BIO MINEA UR 7485 and the DFR SJE of the University of Guiana.

La Revue Amazonienne d'Études du Développement International et du Management est publiée deux fois par an par le Département d'Économie et de Management de l'Université de Guyane et l'Association Expertise et Développement.

Prière adresser toute correspondance à :

Revue Amazonienne d'Études du Développement International et du Management
Université de Guyane
DFR SJE
Campus de Troubiran
2091 Route de Baduel
BP 20792 97337 Cayenne
Guyane française
République française
Phone : 00 +1 05 94 29 99 10
00 +1 05 94 29 99 32

Abonnements et ventes

L'abonnement annuel commence avec le premier numéro de l'année.

Veuillez envoyer vos commandes à l'adresse ci-dessous aux courriels suivants :
Paul.roselle@univ-guyane.fr
Paul.rosele-chim@wanadoo.fr

Nestor Radjou
Exp.dev@orange.fr

La Revue Amazonienne d'Études du Développement International et du Management est publiée en France par les Éditions L'Harmattan, Paris, France avec le soutien du BETA EMADD BIO MINEA UR 7485 et le département d'Économie et de Management de l'Université de Guyane.

Amazonian Journal of International Development and Management Studies
Revue Amazonienne d'Études du Développement International et du Management

Number 02-03 January-December 2022, January-June 2023

Contents. Sommaire

Chronique

Articles

Pour un modèle standard du développement des sociétés : problématiques et perspectives
Nestor Radjou

Climate change and the development of tourism in West Africa, the example of Senegal
Mohamed Kayal

Le mystère du capital : un regard à travers l'indivision successorale en Amazonie française et dans l'océan Indien
Chantal Prévot

Amazonian Journal of International Development and Management Studies
Revue Amazonienne d'Études du Développement International et du Management

Number 02-03 January-December 2022, January-July 2023

Amazonian Journal of International Development and Management Studies
Revue Amazonienne d'Études du Développement International et du Management

La Rédaction

Ce numéro compilé 2-3 de l'AJIDMS confirme le cheminement d'expériences conduites par les chercheurs et les analystes de tous les domaines disciplinaires sur les questions de développement qui se retrouvent concrétisées en Amazonie-Caraïbe.

L'organisation des rencontres entre les chercheurs en Sciences économiques et Sciences sociales, Management, Techniques quantitatives, Sciences juridiques, Lettres et Arts de cette région du monde est stimulée dans le cadre de l'équipe interne BETA EMADD BIO, laquelle apporte sa contribution au redéploiement du laboratoire MINEA UR 7485 de l'Université de Guyane dans le champ des chercheurs universitaires et professionnels centrés sur la thématique du Développement international. L'intégration de toutes les approches du développement, des problématiques transversales, transdisciplinaires, permet de mieux éclairer la connaissance dans les grands territoires de l'Amazonie. Les liens entre la Caraïbe insulaire et le continent sud-américain se redécouvrent. Les spécialistes du développement de ces régions s'expriment sur des thématiques méconnues en lien avec d'autres territoires de la planète. D'où, le fait que l'AJIDMS poursuit une vision d'étude du développement international ouverte sur tous les espaces du monde. Celle-ci s'ancre avant tout dans le domaine disciplinaire du chercheur sur une thématique de développement.

L'immensité de l'Amazonie et du plateau des Guyanes reste aux prises avec des pays émergents, de nouveaux pays industriels et des pays en développement performants. Leur succès dans la régionalisation, la globalisation et la mondialisation dépend de la crédibilité des stratégies et des modèles appliqués pour atteindre des objectifs durables. Les questions étudiées sont diversifiées dans le monde et se rejoignent tout en se différenciant de l'Asie à l'Amérique et la Caraïbe, à l'Afrique, l'océan Indien et à l'Océanie.

En conséquence, l'AJIDMS accueille des travaux centrés sur l'Économie, le Management, les Questions juridiques des Affaires, ainsi que ceux qui viennent d'autres disciplines des Sciences sociales, mais qui traitent des thématiques axées sur les problèmes sociétaux de développement.

Revue franglophone, les articles sont publiés en français et en anglais.

Amazonie

Chronique

Le BETA EMADD BIO, une équipe interne de recherche du MINEA UR 7485 : organisation et dynamique d'activités

Paul ROSELÉ CHIM

Résumé L'activité de recherche en sciences économiques et gestion a connu un cheminement en longue période qui s'est synthétisé dans le laboratoire MINEA UR 7485. L'objet de cet article consiste à vulgariser celui-ci et renforcer sa visibilité d'équipe interne et son rayonnement externe.

Abstract Researching activities in economics and management has known a long run which has been synthesized in the laboratory MINEA UR 7485. The purpose of this paper is to popularize and reinforce its internal team visibility and external influence.

Introduction

Le BETA est une équipe interne officielle de recherche du laboratoire MINEA UR 7485. BETA EMADD BIO signifie Bureau d'Études Thématiques Appliquées en Économie Management et Droit du Développement et de la Biodiversité. Dans le parler courant, on dit alors, tout simplement, BETA.
En effet, le procès-verbal du 11 janvier 2018 mentionne son appartenance à MINEA à l'unanimité. Le principe de la création d'une nouvelle équipe de recherche dont la thématique est Économie, Management, Droit du Développement et de la Biodiversité a été acté. Le BETA est assujetti aux statuts et au règlement intérieur qui régissent le fonctionnement du laboratoire MINEA. Le 18 janvier 2018, la réunion entre le Président de l'UG Antoine PRIMEROSE, le Délégué à la Recherche Laurent LINGUET, le Directeur de l'École doctorale Abdennebi OMRANE, le Directeur de l'UMR Qualisud Jean-Charles ROBINSON, la Directrice de l'équipe d'Accueil MINEA 7485 Isabelle HIDAIR-KRIVSKY et le Conseiller d'Établissement du ministère de l'Enseignement supérieur Yves GUILLOTIN, inscrit l'intégration de l'équipe interne BETA EMADD BIO au sein de MINEA. L'avis favorable rendu est consigné dans le procès-verbal du 19 janvier 2018. Cette chronique vise à une brève présentation du projet scientifique de l'équipe.

1. Une jeune équipe

Le BETA EMADD BIO résulte de la volonté d'unir des forces et des compétences de chercheurs en Sciences économiques, en Sciences de Gestion, en Droit, en Sciences sociales et en Analyse du marché des médicaments et à l'Économie et à la Gestion des autres produits de santé. Cette jeune équipe de recherche vise à favoriser des synergies disciplinaires de chercheurs du DFR SJE et d'autres composantes, afin de gagner en visibilité pour dynamiser la diffusion de travaux appliqués pour – et avec – les partenaires locaux, régionaux, nationaux et internationaux. Elle privilégie les problématiques liées à l'Amazonie, la Caraïbe, de surcroît à la Guyane française.

Missions

Les missions sont de deux ordres :
– La conduite d'études, de recherches thématiques ou appliquées et la diffusion de celles-ci dans les revues, les éditions et les réseaux numériques.
– L'animation de la recherche thématique par le biais de réseaux de relations avec des partenaires académiques et reconnus sur le plan local, régional et international.

Résultats visés

– Renforcer le volume des travaux à un haut niveau.
– Renforcer les capacités des chercheurs de l'équipe.
– Renforcer les relations internationales de réseau.
– Renforcer la filière Sciences économiques Gestion et la filière Droit
– Diffuser les savoirs.
– Effectuer des co-encadrements d'étudiants, des co-publications, des montages de projets, des co-animations scientifiques.
– Conduire des formations-échanges et partager des expériences sous forme de séminaires pluridisciplinaires et transversaux.

Structuration

Le BETA EMADD BIO comprend trois axes de recherche dans lesquels la biodiversité est transversale. Ces axes sont les suivants :
– Axe 1 : Développement industriel, Intelligence économique, Durabilité et Territoires Amazonie-Caraïbe, Industrie culturelle et Économie du Sport
– Axe 2 : Marchés des produits et commodités, Management des entreprises, Innovation
– Axe 3 : Droit pour le Développement durable des territoires

Les thèmes principaux de l'axe 1 sont les suivants :

– L'analyse des territoires industriels de l'Amazonie et de la Caraïbe. Ces recherches ont comme référence disciplinaire l'Économie du Développement, l'Économie de l'Entreprise, l'Économie industrielle, la Théorie des Jeux, l'Économie de la Culture et l'Économie du Sport.

– Le développement durable et la gestion des ressources naturelles sont au cœur de l'axe 1. Le thème fondamental est l'Économie des catastrophes naturelles et l'Économie du climat.

L'axe 2 se polarise sur l'entreprise et son organisation sous tous les aspects relatifs à la dynamique managériale. Ils sont étudiés dans le cadre de l'intelligence économique stratégique.

L'axe 3 conduit vers des études de Droit privé et de Droit public relatives au Développement des territoires, de l'Environnement et des Entreprises.

2. Origine du projet

Le projet BETA EMAD BIO se situe dans la poursuite du redéploiement des activités des chercheurs qui étaient rattachés à des équipes extérieures avant la création de l'Université de Guyane en 2014. Leurs travaux se sont déclinés dans le cadre de la politique scientifique de l'Université de Guyane et de l'École doctorale ED 587. D'où l'équipe répond à l'objectif fondamental qui est la diffusion et la valorisation des travaux.

Les chercheurs du BETA EMADD BIO se situent dans le droit fil des activités développées durant les 20 dernières années 1997-2017 dans leur laboratoire d'origine en Économie, Management, Droit, Sciences sociales, Santé et Biodiversité. En s'appuyant sur une grande réputation et une expérience surtout en matière de conception de projets et d'organisation d'événements à portée internationale, le BETA EMADD BIO a voulu tirer profit de l'expérience acquise pour la production et la diffusion scientifique.
Des partenariats avec des équipes locales et des organismes académiques internationaux permettent la diffusion mondiale des travaux des chercheurs. Les forces d'études dispersées sur le plan scientifique disposent d'une structure de redéploiement de la production et de la diffusion des travaux.

Le projet scientifique

Les axes d'études recouvrant les thématiques regroupent les chercheurs de la manière suivante :

Axe 1

Les dynamiques industrielles régionales et spatiales, la durabilité et l'intelligence économique des territoires. (Paul ROSELÉ CHIM, Mamadou DIOP, Mamadou DIALLO, BRON Amenda, Moustapha ALADJI, Guylaine BOURGUIGNON)

Les dynamiques industrielles régionales et spatiales dans les territoires font intervenir les politiques de relance de la croissance. Les restructurations du système productif (industrie, agriculture, services) et les macro-politiques invitent souvent à des transformations dans la dynamique des entreprises. La démarche d'innovation est permanente. Avec les NTIC, elles affirment la montée en puissance de l'intelligence économique (IE) des territoires.

Pourquoi examiner les dynamiques industrielles régionales et spatiales en prenant en compte l'approche de l'IE ?

Pourquoi chercher de nouveaux cheminements ?

Deux groupes d'arguments peuvent être avancés pour saisir l'importance de cette interrogation.

Le premier s'inscrit dans la perspective générale de la problématique du développement des territoires. Il s'agit alors de se demander si le contexte qui est produit par les relations industrielles ne génère pas des cheminements possibles qui, selon la période, nécessitent une intelligence économique (IE), mais qui n'est à la portée que d'un nombre limité d'entreprises. Le reste a donc recours à des politiques d'aide à l'investissement ou à l'assistance technique. On peut, en la matière, conclure à l'échec de celles-ci. Ces conclusions ne sont pas exemptées de critiques.

Le second correspond à la justification que nous pouvons avancer concernant l'intérêt de la problématique : la prise en compte de l'intelligence économique (IE) des territoires dans leur durabilité.

Pour répondre à ces diverses questions, le cadre théorique offert par l'évolution de la pensée en Économie de l'Entreprise, en Dynamique Industrielle et en Économie du Développement est riche en enseignements.

Le premier enseignement résulte du fait que l'analyse du contexte est au centre de la compréhension des éléments qui constituent

l'environnement de l'entreprise. Ce contexte interpelle fondamentalement sur la relation entre l'intelligence économique et la durabilité.
Le deuxième est que l'environnement de l'entreprise offre la possibilité de décrire des aspects et des comportements souvent insaisissables si nous n'opérons pas par des méthodes qui transcendent les champs disciplinaires.
Le troisième est que nous pouvons introduire des spécificités dans les contextes des entreprises. La comparaison entre les espaces permet de conforter dans certains cas ou de relativiser dans d'autres les référents relevant du contexte.
Ainsi, notre démarche de recherche ne consiste-t-elle pas à soutenir l'hypothèse d'une « *Intelligence Économique* » comme culture permettant le renouvellement de la dynamique de l'entreprise et des territoires. Celle-ci intègre les approches en termes de durabilité.

Les Effets de l'innovation des Nouvelles Technologies de l'Information et de la Communication (NTIC) entre les pays industrialisés et les pays en développement (Paul ROSELÉ CHIM, Bertrand PANHUYS, Mamadou DIALLO)

L'innovation des NTIC place la stratégie des firmes, des PME et leur pouvoir de communication dans un nouvel espace plus vaste, mais quelquefois moins insaisissable. Les nouvelles technologies de l'information et de la Communication illustrent une nouvelle métrique des territoires. Les références spatiales changent et mettent à l'épreuve nos analyses.
Dans l'espace globalisé, paradoxalement, de nombreux obstacles sont susceptibles de rendre plus difficile la réalisation des objectifs des entreprises. La stratégie industrielle se présente comme la recherche et la construction de cohérences dans les marchés par un dépassement de ces dits obstacles. Elle fait intervenir les méthodologies de pilotage des entreprises, les caractéristiques des marchés, de la consommation et surtout la problématique des échanges internationaux.
Ce travail de recherche concerne les effets d'innovation.

L'industrie culturelle en territoires, le tourisme et le marché mondial (Paul ROSELÉ CHIM, Christian CÉCILE, Amenda BRON)

Ce champ de recherche est ouvert sur les approches littéraires, anthropologiques, sociologiques, géographiques, historiques, linguistiques et artistiques. Il procède des sciences économiques, des sciences de gestion, des sciences juridiques et politiques. Il couvre le champ des industries culturelles et du marché mondial des produits culturels.

a) Problématique

Dans les pays en développement, la situation de la culture est très préoccupante. La culture n'est que rarement considérée comme essentielle, car les questions pures de développement économique et les problèmes sociaux se posent en des termes dramatiques et cruciaux. Donc, le mythe de l'économie quantitative sacrifie la culture en oubliant qu'il ne peut pas y avoir de développement réussi sans prendre en compte la dimension culturelle. Cela constitue une erreur tragique, car la dimension culturelle est inséparable de l'économie et de la société.

b) Champ, méthodes et applications

– Examiner les outils théoriques, méthodologiques permettant d'éclairer la question de la culture et du patrimoine : référence défensive à la culture, l'identité culturelle, l'uniformisation, l'éducation, la formation, le droit des communautés, la collaboration et les échanges internationaux. La référence est plus axée sur l'approche en termes de patrimoine culturel. Il s'agit d'analyses en coupe sociétale. À partir des travaux de la période 1989 à 2000, les études se sont orientées vers les problématiques socio-économiques durant la décennie 2000-2010.

– Traiter de la valeur économique de la culture et du patrimoine par rapport à sa valeur intrinsèque. D'où l'approche en termes d'industrie culturelle, c'est-à-dire d'activités éminemment productives : le cinéma, la télévision, la musique, les vidéogrammes, le livre, le carnaval, les musées, la culture des peuples autochtones, les salles d'exposition de peinture, l'organisation de spectacles (concert, festival, théâtre), mais aussi l'artisanat d'art et les loisirs proches au tourisme. Il s'agit d'analyses en coupe industrielle qui ont été menées durant la décennie 2010-2020.

– Développer des études de cas dans le champ culturel des pays de l'Amazonie. Il s'agit d'approches multi-variées conduisant à répondre à des appels d'offres. Ces études se situent dans le cadre de commandes sur des problématiques du développement culturel auprès des collectivités durant la période actuelle 2015-2022.

L'intelligence sportive des territoires (Bertrand PANHUYS, Paul ROSELÉ CHIM)
Ce champ d'analyse s'appuie sur le développement du sport, créateur de richesses qui permettent de ré-enchanter le présent et l'avenir des territoires. L'intelligence sportive joue en leur faveur. Les opportunités offertes par le marché ouvrent vers le redéploiement du développement.

Axe 2
Marchés des produits et Économie et Gestion de la santé, Management des Entreprises, Innovation (Nazira ALI, Frédéric ROGER, Hugues DOMINGO, Paul ROSELÉ CHIM)
Ce champ d'analyse est orienté vers la gestion de l'entreprise et les problématiques de l'entrepreneuriat. Il met l'accent sur les études portant sur la thématique du financement des TPE et l'innovation.
Par ailleurs, il mène un vaste programme d'analyse sur l'entrepreneuriat, les PME et la santé. C'est ainsi que les questions relatives à l'influence de la somnolence et à la concentration sur la vigilance entrepreneuriale des dirigeants de PME, l'étude empirique de la qualité du sommeil, la santé des dirigeants et la souffrance patronale constituent les études fondamentales de cet axe.

Axe 3
Droit économique pour le Développement des Entreprises et des Territoires (Emmanuel GUEMATCHA, Chantal PRÉVOT)
Les thématiques de cet axe recouvrent le Droit public d'un côté en prenant le contexte international et le Droit privé de l'autre côté en ce qui concerne particulièrement la responsabilité civile, pénale et environnementale liée à l'entreprise. Il examine le droit de la concurrence.

3. Positionnement et structuration

La caractéristique méthodologique du BETA EMADD BIO est centrée sur les Études thématiques et appliquées, le Calcul et la Modélisation. La biodiversité est transversale aux études thématiques qui recouvrent l'Amazonie.
Les thématiques sont en adéquation avec les questionnements en cours qui émanent des sociétés sur le plan local, régional et mondial.
Les thématiques émergentes sont développées en associant des compétences complémentaires mutualisées. Avec des partenaires, une

revue et un congrès d'études sur le développement assurent la diffusion des travaux.
La structuration de l'équipe a pour but de contribuer à la mise en place d'outils de renforcement de la formation, à l'animation et la diffusion de la recherche provenant de chercheurs du DFR SJE et d'autres institutions.
Le champ du BETA EMADD BIO recouvre le domaine des chercheurs des groupes suivants :
– Groupe 1 : 01 Droit privé et Sciences criminelles, 02 Droit public, 03 Histoire du Droit et des Institutions, 04 Sciences politiques.
– Groupe 2 : 05 Sciences économiques, 06 Sciences de Gestion.
– Groupe 4 : 19 Sociologie, Démographie, 23 Géographie physique, humaine, économique et régionale, 24 Aménagement de l'espace, Urbanisme.
– Groupe 12 : 71 Sciences de l'information et de la communication, 73 Cultures et Langues régionales.
– Section 86 : Sciences du médicament et des autres produits de santé.
L'équipe de recherche BETA EMADD BIO structure et anime un réseau d'activité d'enseignement comprenant le niveau Master, doctoral, postdoctoral et les associations d'études du Développement sur le plan local, régional, national et international. Elle s'implique particulièrement dans les activités de l'École doctorale de l'Université de Guyane ED 587 « ***Diversités, Santé et Développement en Amazonie*** ». Elle est une structure fondée sur la prise en compte de l'appartenance de chercheurs confirmés à d'autres équipes extérieures au DFR SJE. Les études qu'elle mène portent sur un dénominateur commun qui est le développement et la biodiversité.

Annexes

1. Présentation synthétique, réseaux de recherche et rayonnement international

Intitulé de l'équipe interne

Bureau d'Études thématiques appliquées en Économie Management Droit du Développement et de la Biodiversité

Acronyme

BETA EMADD BIO

Nom du responsable :

Paul ROSELÉ CHIM

Membres internes :

Paul ROSELÉ CHIM, Professeur des Universités, HDR Université Paris 1 Panthéon-Sorbonne, Économie de l'Entreprise et Sciences de Gestion, Docteur de l'université de Paris X-Nanterre en Sciences économiques, CNU 05/06.

Hugues DOMINGO, MCF en Sciences de Gestion, Université de Guyane, Docteur de l'Université de Montpellier.

Emmanuel GUEMATCHA, MCF en Droit public, Université de Guyane, Docteur de l'Université de Paris X-Nanterre.

Thierry NICOLAS, MCF en Géographie, Université de Guyane, Docteur en Géographie.

Mamadou DIOP, Chercheur à l'École Polytechnique, Université de Dakar du Sénégal, Docteur en Sciences économiques de l'Université de Rennes.

Ibrahima DIA, Docteur en Sciences économiques de l'Université de Normandie, enseignant associé, Université de Guyane.

Hisseine MAHAMAT, Docteur en Sciences économiques de l'Université de Montpellier, enseignant associé, Université de Guyane.

Moctar NDIAYE, Docteur en Sciences économiques de l'Université de Clermont-Ferrand, enseignant associé, Université de Guyane.

Bertrand PANHUYS, Docteur en Sciences économiques de l'Université de Limoges, contrôleur de Gestion au Centre spatial guyanais, enseignant associé, Université de Guyane.

Amenda BRON, Docteure en Sciences économiques de l'Université de Guyane, chargée de développement, ville de Mana, Guyane française.

Grégory MAXIMIN, Docteur en Sciences économiques de l'Université des Antilles, chargé d'enseignement.

Mustapha ALADJI, Docteur en Sciences économiques de l'Université de Guyane, enseignant associé.

Gaëlle LEBEAU, Doctorante en Sciences économiques, Université de Guyane.

Hobisoa RAZAFINDRAMANA, Doctorant en Sciences économiques, Université de Guyane.

Nazira ALI, Doctorante en Sciences de Gestion, Université de Guyane.

Mickaël CITA, Docteur en Sciences de Gestion de l'Université des Antilles, enseignant associé.

Ouissal EL MAKHANTER, Doctorante en Sciences de Gestion, Université de Guyane.

Koulani REZAIRE, Doctorant en Sciences de Gestion, Université de Guyane.

Camille LABIDI, Doctorante en Sciences de Gestion, Université de Guyane.

Membres externes :

Syoum NEGASSI, Professeur Université Paris 1 Panthéon-Sorbonne.

François VELLAS, Professeur Université de Toulouse Capitole.

Florent PRATLONG, MCF Université Paris 1 Panthéon-Sorbonne.

Joël RABOTEUR, MCF HDR, Université des Antilles.

Hugues SÉRAPHIN, HDR Lecturer, Université de Winchester, Londres, Angleterre.

Patrick Kent WATSON, Senor Profesor, Université des West Indies, Trinidad and Tobago.

Bill William LATHAM, Senor Profesor, Université de Delaware, Centre d'Économie appliquée de New York, USA.

Zach HALLAB, Senor Profesor, University Cal State East Bay State of California, San Francisco.

Réseaux de recherche et rayonnement international

Le BETA EMADD BIO déploie ses relations de réseau et de partenariat par l'organisation de manifestations scientifiques, l'accueil de personnalités de renom, de chercheurs, d'enseignants-chercheurs, de doctorants et de post-doctorants.

AIELF (*Association Internationale des Économistes de Langue Française*)

L'Association académique mondiale d'Économistes présidée par Alain REDSLOB réunit une diversité culturelle dans le creuset d'une communauté d'intérêts. Elle rassemble des universitaires, des chercheurs et des hommes de culture qui réfléchissent, coopèrent et diffusent une pensée économique rivée à la passion de la langue de Molière.

CSA (*Caribbean Studies Association*)

Association académique mondiale, la CSA explore les disciplines des champs grandissants, valorise les connaissances des pays de la Caraïbe et de l'Amazonie, confronte les opinions, tout en portant haut les travaux appliqués dans le monde des universités anglophones à travers les grandes revues. Ses collaborations concernent la Lewis Institute of Economics avec les économistes tel Patrick Kent WATSON (West Indies University).

ATOM (*Atelier d'Analyse d'Outre-Mer*)

Le réseau ATOM réunit des équipes de chercheurs appartenant à La Réunion, la Guadeloupe, la Martinique, la Guyane, la Polynésie française, la Nouvelle-Calédonie, et Saint-Pierre-et-Miquelon. Il permet de grandes rencontres sur des thématiques d'économie de développement des Outre-Mers.

L'**AIMTD** (*Association Internationale pour le Management du Tourisme Durable*)

Le BETA s'insère avec ce réseau présidé par Erick LEROUX, dans la dynamique des études et des recherches conduites par les analystes et les professionnels qui jettent un regard scientifique touchant à l'objet d'étude que constituent « *le tourisme durable et la biodiversité* ».

2. Statistiques de la filière de rattachement de l'équipe interne de recherche BETA

Données statistiques de la filière SEG Guyane de 2007 à 2022 – Volume étudiant

Années	1re	2e	3e	4e	5e	Total
07-08	102	57	38	23	nd	220
08-09	129	53	56	14	nd	252

09-10	177	91	61	39	nd	368
10-11	165*	98*	77*	27*	21*	388
11-12	131	47	100	30	25	333
12-13	179	83	72	51	20	405
13-14	271	78	81	25	18	473
14-15	181	46	85	23	14	349
16-17	*302*	*89*	*95*	*24*	*22*	*532*
17-18	*460*	*117*	*107*	*55*	*27*	*766*
18-19	*470*	*126*	*132*	*56*	*28*	*812*
19-20	*470*	*128*	*160*	*65*	*27*	*822*
20-21	*470*	*212*	*192*	*101*	*50*	*1025*
21-22	*470*	*195*	*227*	*94*	*55*	*1041*

Source : Filière SEG Guyane, données APOGEE

Données statistiques du cycle Master SEG et Doctorants de 2010 à 2022

Années	Master 1	Master 2	Doctorant et soutenance
2010-2011	27*	21*	2 Économie
2011-2012	30	25	2 Économie
2012-2013	51	20	2 Économie
2013-2014	25	18	4 (2 Gestion) (2 Économie) **Thèses soutenues**

2014-2015	23	14	5 (3 Gestion) (2 économie) **1 soutenance**
2015-2016	25	22	3 (1 Économie) (2 Gestion)
2016-2017	24	22	3 (1 Économie) (2 Gestion)
2017-2018	*55*	*27*	*4 (2 Économie)* *(2 Gestion)*
2018-2019	*56*	*28*	*4 (2 Économie)* *(2 Gestion)*
2019-2020	*65*	*27*	*5 (4 Économie)*
2020-2021	*101*	*50*	*6 (4 Économie)* *(2 Gestion)* ***1 soutenance***
2021-2022	*94*	*55*	*7 (5 Économie)* *(2 Gestion)* ***4 soutenances (2 Université de Guyane et 2 Université des Antilles)***

Source : Filière SEG Guyane, données APOGEE

L'équipe a commencé à accueillir des doctorants avant la création de l'Université de Guyane. Les soutenances ont eu lieu à l'Université des Antilles, pôle de Guadeloupe et à l'Université de Guyane.

3. Message d'information de Mme Isabelle HIDAIR – KRIVSKY, la directrice de MINEA en 2017

Cher Collègue,
Paul,
Je t'informe que le conseil de laboratoire a donné un avis favorable à ta demande d'adhésion à MINEA.
Je te souhaite la bienvenue avec ton équipe !

Celle-ci sera intégrée en qualité de « thématiques de recherche 5 : BETA EMADD BIO ».
Les membres de ton axe de recherche seront membres permanents (s'ils sont titulaires de l'UG) ou membres associés (s'ils sont extérieurs).
Conformément aux préconisations du Conseiller d'établissement (Yves Guillotin qui a donné un avis favorable à l'intégration de ton axe), les statuts et règlement intérieur de ton équipe seront ceux de MINEA.
Tu seras ajouté à la liste de diffusion des membres permanents et tous les membres de ton équipe seront « chercheurs associés ». Ils seront convoqués aux assemblées générales.

De fait, tes doctorants feront partie de MINEA et seront considérés comme membres associés.
Bien à toi,
Isabelle

Paul ROSELÉ CHIM est Professeur des universités, habilité à diriger des recherches de l'Université Paris 1 Panthéon-Sorbonne de France en Économie de l'Entreprise et en Sciences de Gestion. Il est Docteur en Sciences économiques de l'Université de Paris X-Nanterre. Chef de la filière SEG de l'Université de Guyane de 2001 à 2022, il est un auteur de grande réputation internationale, qui a prononcé de nombreuses conférences dans des universités prestigieuses comme l'université d'État de Californie East Bay San Francisco (2018), à la Caribbean

Studies Association à la Nouvelle-Orléans (2017), l'Université de Poznan en Pologne (2017), l'Université de Paris 1 Panthéon-Sorbonne, Paris 2-Panthéon Assas (2018), l'Université du Nord-Est de Barranquilla en Colombie (1997), de San German à Puerto Rico (1996), la Foundation for International Studies à la Valette à Malte (1996), l'Université Fédérale UNIFACS du Brésil à Salvador de Bahia, l'Université Bernardo Higgins de Santiago du Chili (2019).

Ses publications d'articles sont nombreuses particulièrement au Canada dans les revues comme le *Canadian Journal of Development Studies* (1999), (2010) ; le *Canadian Journal of Regional Science* (2006), (2012) ; *Canadian Journal on Territories & Tourism* (2009), ou en Californie dans *Annals of Social Sciences & Management Studies* (2018).

Il a été qualifié Professeur des universités en 2015 par le Conseil National des Universités de France sous le n° 15105085047. Devenu Hors classe dans sa carrière, il dirige des thèses de Doctorat et figure aussi parmi les spécialistes de l'économie des industries culturelles comme le cinéma et la télévision.

Parmi les ouvrages de l'auteur, on retient : *Les défis du développement du tourisme et l'intelligence économique des territoires* en 2014, *Le carnaval et la folie imaginaire des peuples* en 2012, *Discours sur le développement, la durabilité et le progrès social* en 2010, *Le développement du tourisme, de santé, de remise en forme et de bien-être* en 2008, *Développement déséquilibre, durabilité* en 2007 et *Économie du cinéma de l'audiovisuel et de la communication, le monde caribéen et Hollywood* en 2003.

En 2020, il publie dans *Annals of Social Sciences & Management* en Californie l'article intitulé « French Guiana, a developing country facing imbalances in a context of regionalization of the Caribbean and South America economies ».

En 2021, ces travaux sont publiés dans des *Ranking Review: American Journal of Management*, *Journal of Applied Business and Economics*, *IOSR Journal of Business and Management* et *IOSR Journal of Economics and Finance*.

Amazonie

Chronique

Réflexions et propositions sur la problématique de l'orpaillage illégal en Guyane française

Pierre LAPORTE, Guylaine BOURGUIGNON

Résumé La politique de lutte contre l'orpaillage n'a pas changé de nature en longue période. Sur une trentaine d'années, les mêmes approches sont appliquées. Il convient de tenir compte des résultats pas toujours significatifs pour chercher à en obtenir des meilleurs, et un changement sensible. Car la situation aurifère engage les responsabilités locales. Elle peut être examinée en termes de Responsabilité sociétale et environnementale (RSE). Nous cherchons à stimuler la réflexion en proposant des pistes de réflexion sur ce sujet.

Abstract In the field of university studies in French Guyana, the expression "stream in tension" is often used by university officials to refer to the field of Economics and Management. It reflects the growing importance of training and the emergence of scientific research which, over a long period of time, wanted to build the foundations for the development of a true School of Development French Speaking in South America and the Caribbean.

The purpose of this paper is to present a chronicle of university teaching and research in this field.

Introduction

En Guyane française, l'activité aurifère reste une des activités dont le développement est aux prises avec des contraintes à la fois d'investissement et de responsabilités. Une telle économie nécessite un plan rigoureux faute de quoi les externalités conduisent la société à des coûts d'opportunités prohibitives.

1. Les trois préalables

Une urgence à réagir devant une situation sans précédent

Confrontée à la baisse de la biodiversité, le changement climatique et la hausse démographique, l'ONU estime que si nous ne changeons pas de cap[1], de façon radicale, d'ici une décennie, nous allons faire face à une menace existentielle directe, pour l'humanité.

La tendance actuelle, en Guyane, est à l'accélération du processus de disparition de la biodiversité. L'orpaillage, activité extractive et polluante, qu'il soit légal ou illégal en est une des causes.

La lutte contre l'orpaillage menée de la même façon depuis une trentaine d'années, par les services de l'État, conduit à un constat d'échec. Il convient, pour tenir compte de cette urgence, de revoir complètement le procédé de gestion de cette problématique.

Une situation qui engage la responsabilité locale

Pourquoi est-il légitime et libre de décider de consommer des ressources, en moins d'une génération, alors que les générations futures ne pourront pas en vivre ?

Il est estimé que les ressources mondiales en or seront épuisées dans une période de moins de vingt ans.

---

[1] Paradigme du développement pour une croissance infinie dans un monde fini : exploitation des ressources naturelles, production, consommation, pollution.

Que savons-nous de l'utilisation de ce minerai dans trois ou quatre générations : il sera peut-être indispensable pour la survie des populations. N'est-il pas pertinent de penser à une réserve stratégique ?

Il n'est pas non plus possible d'accepter ce pillage excessif des ressources dans de telles conditions de ravages de la nature, avec un espoir d'avenir alliant biodiversité, respect de la vie humaine et absence de catastrophes écologiques.

Une situation qui engage l'économie guyanaise

« N'existe comme richesse économique pour un pays que celle qui emploie et nourrit ses enfants[2]*. »*

Cette situation exige que soient définis un véritable programme de développement minier en Guyane et des solutions soutenues sur le moyen terme, afin d'enrayer définitivement l'orpaillage illégal ; les deux étant indissociables.

2. Pour une politique de développement minier

Elle doit répondre aux questions classiques : où ? quand ? comment ? qui ? avec qui ?

Actuellement, la seule politique affichée par l'État est de mettre des orpailleurs légaux à la place des illégaux. Or, ces derniers n'ont jamais été si nombreux. La méthode est un échec et à double tranchant : l'orpaillage légal génère l'orpaillage illégal par une communauté d'intérêts entre les travailleurs issus du même milieu. Cela semble flagrant sur la crique nationale[3] et la crique Bagot[4].

Il est donc nécessaire de proposer une autre politique.

---

[2] Pierre Laporte.

[3] Affluent du fleuve Kourou, en Guyane.

[4] Affluent de la rivière Comté, en Guyane.

Préserver les ressources : où ? et quand ?

La Guyane comporte huit bassins hydrographiques : l'Oyapock, l'Approuague, la Comté-Orapu, le Kourou, le Sinnamary, l'Iracoubo-Organabo, la Mana et le Maroni.

Il s'agirait d'ouvrir à l'exploitation un bassin après l'autre pour une durée à définir, entre cinq à dix ans. Compte tenu de la situation actuelle, le bassin du Maroni serait le premier à ouvrir, avec un schéma de mise en exploitation. Les habitants sont déjà impliqués socialement dans cette activité.

L'avantage serait de densifier la présence des orpailleurs légaux sur le bassin autorisé, en laissant de moins en moins de place aux clandestins.

Cela permettrait également de déceler, plus facilement, l'orpaillage illégal, dans les autres bassins non autorisés.

Dans ces bassins, l'exploration ou la prospection est admise en prévision d'un *continuum* d'exploitation.

Un autre défi serait de définir une réserve stratégique, car la disparition totale des ressources mondiales modifiera le système actuel des échanges commerciaux.

Exploiter les ressources : comment ?

C'est l'objet du code minier.

Mais il est important de souligner un point essentiel : « le jeu doit en valoir la chandelle », autrement dit, les ressources doivent être suffisamment et préalablement prouvées et contrôlées pour en autoriser l'exploitation et sacrifier une partie du patrimoine écologique.

Exploiter les ressources : par et avec qui ?

Quels choix faire entre les grands groupes, les sociétés et les artisans miniers ? C'est aux politiques d'en décider. Le type de gisement sera aussi déterminant dans le mode d'exploitation. La mine est un métier pas un passe-temps.

Qu'ils soient de grands groupes ou des PME, les compétences devront être présentées au préalable pour toute autorisation d'exploration, de prospection et d'exploitation.

Il est important de ne pas gaspiller la ressource minière. Une récupération d'à peine 50 % de l'or total d'un chantier laissera un gisement non rentable, donc non exploitable, par les professionnels, et ne pourra intéresser peut-être que les orpailleurs clandestins[5].

Les emplois locaux sont à privilégier et doivent être un critère essentiel pour agréer une exploitation. Les générations futures auront besoin de cette ressource pour vivre. Il convient de la préserver pour un devenir incertain s'ils ne sont pas prêts.

Des cursus de formation appropriés devront être offerts à la jeunesse confrontée à un chômage sans précédent, en Guyane. L'attrait du secteur minier devra profiter d'une communication adéquate, via les *réseaux 2.0*, ou toute TIC[6] *ad hoc*.

Cette politique ne pourra être mise en œuvre qu'avec la mise en œuvre d'un plan d'action pour l'éradication, sinon la maitrise de l'orpaillage illégal.

3. La maîtrise de l'orpaillage illégal

La solution passe par la réduction du temps de réaction des forces armées et de la gendarmerie, face à l'installation des orpailleurs illégaux dans la forêt guyanaise.

Repenser la logistique

Des zones d'atterrissage pour les hélicoptères[7] devront être aménagées sur chaque site d'intérêt minier. Le maillage doit couvrir toutes les zones aurifères de la Guyane. Ce sera probablement plus de 250 à 500 DZ à installer[8] ou à valider dans les chantiers anciens et nouveaux. Chaque DZ sera à moins de cinq kilomètres d'un site reconnu ou potentiellement minéralisé.

L'avantage sera une intervention rapide via les airs des forces armées. Il est difficile de faire repousser des arbres sur une DZ, dans le but

---

[5] *Garimperos*, en Guyane.

[6] Technologie de l'Information et de la Communication

[7] DZ : Drop Zone.

[8] Une problématique qui devra être résolue en accord avec les services de l'Office National des Forêts (ONFCF).

d'empêcher une opération héliportée. De plus, le simple bruit d'un appareil aéroporté maintiendra les illégaux dans une relative insécurité permanente. L'empreinte écologique de tels travaux restera faible à comparer avec de grands chablis.

Le maillage en DZ pour des opérations héliportées offre un gain en rapidité d'intervention, et une baisse des coûts des missions, en évitant les logistiques très et trop lourdes.

Il sera nécessaire de redistribuer les moyens donnés aux forces armées en investissant en appareil aérien, en pilote et en carburant.

Repenser la surveillance

La veille satellitaire devra entrer en jeu de façon plus systématique. Dans la même optique, l'utilisation de drones, pour un coût moindre, permettra une surveillance plus légère, mais tout aussi performante.

À l'instar des brigades assermentées du Parc Amazonien, des brigades vertes pourront être formalisées au sein de la population locale. Ces dernières présenteront l'avantage d'être plus mobiles, plus discrètes et plus adaptées, plus réactives à la compréhension du milieu.

Repenser l'action sur le site clandestin

Les interventions devront déjouer l'installation des orpailleurs clandestins, en ne leur laissant aucune opportunité d'évaluation d'un site.

L'exemple de la crique Bagot, sur la commune de Roura, démontre que la destruction du matériel n'est pas une solution si la rentabilité du site permet le remplacement, quasi immédiat, des machines.

- **L'interpellation et le rapatriement des clandestins doivent être la finalité des opérations.**

Aujourd'hui, chaque opération des forces armées se solde par le délaissement d'hommes et de femmes en situation irrégulière, en pleine forêt. Un minimum en moyen de survie leur est laissé. Ceci n'est pas une disposition tolérable.

Reconsidérer le statut des clandestins

Les clandestins de l'orpaillage illégal, les *garimperos*, quittent le Brésil dans l'espoir d'une vie plus lucrative en Guyane.

Ce sont, pour la plupart (personnel subalterne), des réfugiés économiques. Ils devront être traités comme tels. Cependant, les vrais responsables, tels que le chef de chantier et de logistique, devront être recherchés, afin d'être jugés pénalement. Les responsables seront jugés par un magistrat détaché à cet effet.

Les collectivités de Guyane, les mairies et la CTG[9], doivent se préparer à héberger, contrôler et soigner les dix mille clandestins qui seront sortis de la forêt. Des discussions diplomatiques devront avoir lieu entre le Brésil et la Guyane française pour le retour en nombre de ces personnes.

Il pourra être nécessaire de construire des centres de rétention, *à l'instar* de Calais, gérés par des organismes humanitaires.

Conclusion

Ces quelques pistes de réflexion demandent, pour chacune d'entre elles, un développement d'argumentaires, de critiques, de constatations chiffrées, de construction.

« Des propositions pour un devenir meilleur, de notre jeunesse : celui qui conjugue la pérennité de l'activité minière et la préservation de la biodiversité. Vers un futur où la nature ne sera plus considérée pour ce qu'elle nous rapporte et nous dispense, mais pour elle-même. »

[9] Collectivité territoriale de Guyane.

Pierre LAPORTE est technicien BRGM (Bureau de Recherches Géologiques et Minières) de Guyane. Il assure la présidence de l'association Bagot973. Titulaire d'un Master de Droit, il exerce la fonction de commissaire enquêteur.

Guylaine BOURGUIGNON est Docteure en Sciences halieutiques. Dans la spécialité Économie de l'Environnement et Exploitation des Ressources Naturelles de l'Agrocampus de Rennes, Université des Pêches / Institut océanographique du Japon.
Auteure de nombreux articles scientifiques sur la thématique halieutique, elle compte de multiples contributions dans des domaines aussi variés que l'économie budgétaire, l'histoire économique et sociale. Elle réalise régulièrement des rapports d'expertise sur les champs de l'économie et de l'administration des collectivités en Guyane française.
L'auteure est par ailleurs titulaire du DSR Économie de l'Université de Grenoble et du DEA Océanographie de l'Université de Brest, Production animale ISPA. Elle dispense des enseignements d'Histoire économique et sociale de la France et de l'Europe, et d'Économie de l'Environnement et des Ressources naturelles dans le cycle Master Économie de l'Entreprise et des Marchés, parcours Management et Financement du Développement durable de l'Université de Guyane.
Manager de la Direction Générale de la Communauté des Communes de l'Ouest Guyanais (CCOG) en 2014, elle préside actuellement l'association « Muntu Gwiyann ».

Article

Le développement à Madagascar : Analyse par les théories des finances publiques et la redistribution du revenu

Hobisoa Razafindramanana[10]

Résumé La théorie des finances publiques qui s'applique sur les opérations du secteur public est nécessaire pour maintenir une distribution optimale du revenu et de la richesse et atteindre une allocation efficace des ressources. Durant des périodes, les activités du gouvernement proviennent d'un schéma systématique du rôle du secteur public en tant que complément essentiel à celui du secteur privé. Ce phénomène peut provoquer des bouleversements budgétaires. Pour y remédier, des règles budgétaires doivent être définies dans la composition des dépenses publiques afin de contrôler les déficits. En effet, d'un côté, si les dépenses publiques sont des dépenses sans impact sur la croissance ou le bien-être, alors les opérations publiques sont inutiles. Si de l'autre, les dépenses publiques sont financées par un impôt proportionnel sur le revenu, alors il y aura une augmentation du taux marginal d'imposition. De ce fait, on observe une baisse du taux de rendement privé de l'investissement. Dans la plupart des modèles de croissance, la combinaison ou la substituabilité du capital et du travail semble être très importante dans la recherche du bien-être. Il faut aussi s'adapter au changement technologique et combiner la technologie avec le capital humain disponible.

---

10 Université de Madagascar.

Abstract The theory of public finance that applies to public sector operations is necessary to maintain an optimal distribution of income and wealth and to achieve an efficient allocation of resources. There are periods when government activities stem from a systematic pattern of the public sector's role as an essential complement to that of the private sector. This phenomenon can cause fiscal dislocation. To remedy this, budgetary rules must be defined in the composition of public spending in order to control deficits. Indeed, on the one hand, if public spending is spending with no impact on growth or welfare, then public operations are unnecessary. If, on the other hand, government spending is financed by a proportional income tax, then there will be an increase in the marginal tax rate. As a result, the private rate of return to investment falls. In most growth models, the combination or substitutability of capital and labour seems to be very important in the search for welfare. It is also necessary to adapt to technological change and to combine technology with available human capital.

Introduction

La littérature a réuni de nombreux courants de recherche théorique, empirique, à la fois historique et contemporaine qui étaient pertinents pour l'économie du secteur public, et aux aspects divers de la finance publique telle que la fiscalité, les investissements publics, les biens sociaux, la dette publique, la macroéconomie budgétaire que ce soit dans les pays développés ou les pays en développement.
Les travaux sur l'alliance entre les dépenses publiques et les impôts dans le contexte du développement sont dispersés de part et d'autre dans la littérature. Certains auteurs encouragent les fonctions fiscales du gouvernement et érigent la finance publique dans une théorie unifiée du secteur public. Car l'économie de marché privée a longtemps été dotée d'un corpus consolidé de théories et de pratiques[11]. L'objet du présent papier vise à un examen de ces problématiques dans la littérature économique et à jeter un regard sur la croissance et le développement à Madagascar.

1. Les finances publiques dans la vision de Musgrave, Barro et Martin

Pour Musgrave, l'étude de chaque chercheur sur la finance publique devrait couvrir une approche large et intégrée de l'étude des finances publiques plutôt qu'un ensemble d'études de cas sur les activités du gouvernement, qui pourrait dévier une vision systématique du rôle du secteur public en tant que complément essentiel à celle du secteur privé. Cela est particulièrement crucial à une époque où l'on a tendance à dire, selon Musgrave, que « le gouvernement n'est pas la solution, mais le problème », mais aussi « plus le secteur public est petit, mieux c'est ». Pour Musgrave, chaque recherche sur la finance publique doit au moins exprimer une volonté essentielle pour laquelle le secteur public dans une société démocratique a un rôle fondamental à jouer.

Pour Musgrave (2007), le secteur public a aussi pour tâche en tant que vecteur économique et coordonnateur de distribution du revenu. Accorder peu d'attention à la politique de stabilisation dans les

11 Peggy B. Musgrave, *Thoughts on Writing a Public Finance Text* (2007), pp. 350-352.

textes de finances publiques est une erreur, car le secteur public lui seul ne peut pas réaliser des changements économiques surprenants. Généralement, dans la réalisation d'efficacité et de croissance, il faut un secteur privé basé sur un système de marché capitaliste. Pour Feehan (1998), le secteur public et secteur privé sont inséparables, une condition suffisante pour parvenir à une répartition équitable des revenus garantissant un faible taux de chômage et la stabilité des prix (maîtrise de l'inflation), ainsi que la stabilité des relations économiques avec le reste du monde.

Barro et Martin (1990) disent qu'un excès du prix de monopole par rapport au prix concurrentiel implique que le taux de rendement privé de l'investissement est inférieur au rendement social, par conséquent, le taux de croissance en régime permanent de l'économie décentralisée est inférieur au taux socialement optimal.

Musgrave (2007) définit en finance publique comme paramètre budgétaire de base : l'allocation, la répartition et la stabilisation. Musgrave stipule qu'il faut inclure dans la fonction d'allocation la correction de certains comportements inefficaces dans le secteur privé par des réglementations qui complètent les deux outils de base des dépenses et de la fiscalité pour mettre en œuvre les politiques du secteur public[12].

Selon Musgrave, dans la pratique, le budget de l'État n'est pas distinctement divisé en trois branches dont il a défini ci-dessus. Cependant, c'est un moyen utile de classer les différentes activités du secteur public. Certes, les politiques de dépenses et fiscales du gouvernement remplissent plus d'une fonction. Mais cette classification, qu'il a déterminé, offre une structure unificatrice qui pourrait être appliquée à l'ensemble des connaissances que nous appelons les « finances publiques ».

Ce qu'il faut comprendre des travaux de Musgrave, c'est que, les secteurs privés et publics existent séparément et indépendamment, mais peuvent avoir également des similitudes ou des points de liaison dans leurs objectifs. Il existe de nombreuses interdépendances ; et au niveau théorique, de nombreux outils analytiques de la microéconomie peuvent favorablement s'appliquer aux activités du secteur public.

---

12 Peggy B. Musgrave, *Thoughts on Writing a Public Finance Text* (2007), pp. 350-352.

En finances publiques, la théorie normative sollicite le rôle des gouvernements en tant que fournisseurs de biens de consommation collective et en tant que redistributeurs de revenus[13].

Feehan (1998) explique que les apports publics ne doivent pas être négligés dans une économie, mais ils ont reçu trop peu d'attention de la part des économistes dans la littérature. En particulier, les apports publics qui augmentent les facteurs qui affectent les éléments clés de nombreux investissements publics dans les infrastructures et la formation de capital humain. Feehan (1998) soutient la reconnaissance des gouvernements en tant que financiers ou producteurs de services qui améliorent les capacités de production des entreprises. Ces services sont également connus sous le nom d'intrants publics, de biens intermédiaires publics et de facteurs collectifs de production. Barro et Martin (1990) ont construit un modèle de croissance qui inclut les services publics comme intrant productif pour les producteurs privés. Barro et Martin (1990) considèrent trois versions de ce type de modèle : les biens privés fournis par le secteur public, qui sont rivaux et exclusifs ; les biens publics fournis par le public, qui sont non rivaux et non exclusifs ; et les biens fournis par le public et sujets à la congestion. La troisième catégorie de biens publics, qui sont rivaux, mais dans une certaine mesure non exclusifs, comprend les autoroutes, les réseaux d'aqueduc et d'égout, les tribunaux, etc. Barro et Martin (1992) ont développé le modèle de congestion qui peut également convenir aux services de sécurité, telles la défense nationale et la police. Des activités comme l'éducation et la santé peuvent également être représentées par une combinaison des modèles de Barro et Martin. L'un des modèles de Barro et Martin (1992) se base sur des biens privés fournis par l'État, chaque producteur ayant des droits de propriété sur une quantité déterminée de services publics. Les services sont rivaux, mais exclusifs ; par conséquent, un producteur individuel ne peut pas empiéter sur des services ou encombrer ceux fournis à d'autres. Selon Feehan, les biens privés fournis par l'État n'entrent pas dans les fonctions d'utilité des individus. Au contraire, ces intrants entrent dans les fonctions de production des entreprises, et ils le font de manière collective. Feehan (1998) a aussi utilisé un simple modèle statique d'équilibre général néoclassique afin de valoriser les dépenses

13 James P. Feehan, "Public Investment: Optimal Provision of Hicksian Public Inputs", *The Canadian Journal of Economics / Revue canadienne d'économique* (Aug. 1998), pp. 693-707.

publiques qui sont traitées de diverses manières dans la littérature. Pour Feehan, il est de pratique courante de supposer que les dépenses publiques soient produites uniquement avec des facteurs primaires utilisant une technologie caractérisée par des rendements d'échelle constants. Le modèle de Feehan part d'une petite économie ouverte dans laquelle il y a deux produits de base échangés et un seul intrant public non négocié.

Selon Feehan, une part considérable des dépenses publiques est souvent consacrée aux biens qui ne sont pas des biens publics, mais qui affectent directement les possibilités de production. Comme les infrastructures publiques, les routes, les barrages, les ponts, les écoles, les projets de recherche en sciences fondamentales, et certaines formes d'informations, l'effet est significatif. Pour Feehan (1998), ces intrants sont de type Hicksien (problème de minimisation de la dépense). Feehan développe une théorie intéressante de l'impact bénéficiaire d'un intrant public de type Hicksien. Car selon Feehan, les intrants publics sont semblables à ceux qui existent pour les biens de consommation collectifs, c'est une condition d'optimalité. Dans cette optique, les intrants publics étaient manifestement importants et des études empiriques substantielles ont été menées sur leurs impacts. Feehan considère une règle d'optimalité pour la fourniture de l'apport public hicksien en utilisant une imposition forfaitaire (point de vue néoclassique).

2. Les prédictions à partir des modèles de Solow et de Harrod-Domar

Le modèle de Solow en 1956 prédit que les différences internationales de production à l'état stationnaire par personne sont dues aux différences internationales de technologie pour un ratio capital-production constant. Toutefois, Gundlach (2007) a approfondi ces différences de production évoquées par Solow. Ces résultats empiriques montrent que l'ancienne spécification peut assez bien restreindre les données en utilisant une mesure de la technologie institutionnelle et en traitant le ratio capital-production comme faisant partie de la constante de régression. Cette réinterprétation du modèle transnational de Solow fournit une implication pour les études empiriques du commerce international. Selon Gundlach (2007), les différences technologiques neutres de Harrod, telles que présumées par le modèle de Solow, peuvent expliquer pourquoi les pays ont des intensités de facteurs différentes et peuvent se retrouver dans différentes formes de spécialisation[14].

Barro (1990) a également examiné les achats de consommation du gouvernement, qui entraient dans les fonctions d'utilité des ménages. Selon Barro, les activités des ménages n'affectent pas les opportunités de production et n'affectent donc pas le taux de rendement social de l'investissement[15]. D'un autre côté, si les dépenses publiques sont financées par un impôt proportionnel sur le revenu, en effet, selon Barro, nous pourrions constater une augmentation du taux marginal d'imposition, dans ce cas, il peut y avoir une baisse du taux de rendement privé de l'investissement. Barro (1991) a fourni une théorie sur la relation entre les dépenses publiques et la croissance économique avec un échantillon de 98 pays sur la période 1960-1985. Pour Barro (1991), la consommation du gouvernement peut être mesurée par les achats de consommation du gouvernement déclarés dans les comptes nationaux standard, moins les montants dépensés régaliens de l'État (la défense nationale, l'éducation, etc.). L'hypothèse de Barro était que la consommation du gouvernement faisait une objection sur les services publics qui entrent dans les fonctions d'utilité domestique. Les données de Barro ont indiqué une relation négative significative entre la consommation du gouvernement et le revenu et le taux de croissance par habitant.

En outre, pour faire sortir les effets bénéfiques des dépenses publiques, et pour lutter contre les lacunes, Barro et Martin (1992) ont suggéré l'adoption d'une règle en matière de finances publiques, cette règle « Golden rule for public finance (GRPF) » stipule que l'investissement public doit être exclu du plafond de déficit, afin de permettre aux gouvernements d'enregistrer des déficits aussi longtemps que ces déficits sont consacrés à l'investissement public. Le principe d'une règle d'or simple stipule que les dépenses de fonctionnement doivent être financées par des impôts, mais que les dépenses d'investissement, qui préparent l'avenir, doivent pouvoir être financées par le recours à l'emprunt. Cette règle a pour objectif final, un retour progressif à l'équilibre budgétaire à moyen terme. Dans les États européens actuels, la règle d'or est l'une des bases du « pacte

---

14 Erich Gundlach, "The Solow model in the empirics of growth and trade", *Oxford Review of Economic Policy* (SPRING, 2007), pp. 25-44.

15 Barro, R. J. (1990), "Government Spending in a Simple Model of Endogeneous Growth", *Journal of Political Economy*, 98, pp. 103-125.

budgétaire » qui entrait en vigueur en 2013. Cette règle impose que le déficit budgétaire structurel d'un pays ne doive pas dépasser 0,5 % de son PIB.

Minea et Villieu (2009), compte tenu de l'importance de l'investissement public, s'inquiètent des règles budgétaires qui ne tiennent pas compte des différences dans la composition des dépenses publiques, en particulier parce que l'investissement public est plus enclin à se réduire en présence de règles contraignantes en matière de déficit. Selon Minea et Villieu, plusieurs littératures sur la règle d'or en matière de finance publique ont souligné que la baisse de l'investissement public était induite par les règles budgétaires et en particulier par la règle du déficit du pacte de stabilité et de croissance.

Selon Barro et Martin (1992), l'effet des règles de déficit sur la croissance économique et le bien-être reste sensible. Un de leurs modèles se base sur le modèle simple de croissance endogène de Barro (1990) et Futagami, Morita et Shibata (1993) avec des dépenses publiques productives (c'est-à-dire, des dépenses qui affectent le secteur privé). Ceci clarifie la dynamique de la productivité marginale du capital. Ce modèle génère une croissance perpétuelle sur le long terme, et permet de faire face aux déficits permanents ou à la croissance de la dette publique. De plus, ces résultats montrent que les dépenses publiques affectent positivement la croissance économique, ce qui peut donner un rôle à la dette publique.

En effet, dans le cas où les dépenses publiques étaient des dépenses inutiles, c'est-à-dire, sans effet sur la croissance, le bien-être ou les dépenses de consommation (sans effet sur la croissance économique), l'on ne pouvait pas s'attendre à ce que les emprunts publics stimulent la croissance économique à long terme.

Pour Moudud (2006), il déclare que ni les politiques néolibérales, ni les politiques entraînant une augmentation du ratio déficit budgétaire par rapport au PIB ne permettent pas l'accroissement de la croissance à long terme. Ce qu'il faut, ce sont des impôts plus élevés qui permettraient à la part des dépenses publiques d'augmenter, et davantage d'investissements publics. Moudud (2006) appelle cette approche « l'activisme du côté de l'offre ».

Roy Forbes Harrod (1939) suppose que la production de toute période, jusqu'aux limites imposées par la technologie, est déterminée par les décisions des entrepreneurs. Pour Alexander (1950), si on suppose que les décisions des entrepreneurs concernant la quantité à produire au cours d'une période donnée soit une fonction linéaire des niveaux de revenu des n dernières périodes, en général, il n'existerait pas de taux de croissance réel positif tel que s'il était soutenu sur les n dernières périodes, il se maintiendrait également dans la (n + l) nième période. Pour qu'un tel taux existe, il faut que les coefficients reliant les revenus courants aux revenus passés remplissent certaines exigences.

D'un autre côté, le résultat de Feehan (1998) met en évidence deux canaux par lesquels un changement marginal de l'intrant public profite à l'économie : premièrement, par l'effet direct de l'augmentation de la production dans toutes les industries à des proportions de facteurs données et, deuxièmement, par l'augmentation du revenu associée au déplacement de la production vers l'industrie qui est avantagée de manière disproportionnée par les dépenses publiques. Cette dernière source de bénéfice ne survient pas s'il n'y a qu'un seul bien final. Dans ces circonstances, la règle se simplifie en affirmant que la somme de la valeur des produits marginaux de l'intrant public à travers les industries, qui sont évaluées lors de la répartition initiale des facteurs, doit être égale au prix de marché actuel de l'intrant public[16].
Selon Feehan, ses recherches devraient intéresser en général les économistes des finances publiques. Les spécialistes de l'analyse avantages-coûts devraient également trouver ses résultats comme une opportunité. Car, les principaux résultats de Feehan ne s'appliquent qu'aux contributions publiques hicksiennes ; ceux du type Harrod et Solow sont encore inexplorés. Il faudra beaucoup d'efforts de recherche pour amener l'état de nos connaissances sur les apports publics augmentant les facteurs à ce qui existe en matière de biens publics[17]. Malgré cela, ils peuvent être utiles aux économistes empiriques qui travaillent sur les effets des apports publics sur la croissance économique et le développement.

Dans notre recherche de compréhension sur la croissance, il est utile d'approfondir la littérature pour comprendre les éléments importants pour une croissance équilibrée.

---

16 Lawrence E. Blume, Thomas J. Sargent and R. F. Harrod, *The Economic Journal* (2015), pp. 350-377.

17 James P. Feehan, "Public Investment: Optimal Provision of Hicksian Public Inputs", *The Canadian Journal of Economics / Revue Canadienne d'Économique* (Aug. 1998), pp. 693-707.

Harrod (1936) entame ses recherches sur la théorie « dynamique » avec comme objectif de montrer une analyse économique.

Ses recherches et ses analyses sur l'équilibre étaient basées sur les trois points suivants :

1) L'épargne est proportionnelle au revenu national.
2) L'investissement, la demande d'épargne, est proportionnel entre le revenu national et la croissance. Autrement dit, que le taux d'augmentation de son revenu est un déterminant important de sa demande d'épargne.
3) L'épargne est égale à l'investissement, la demande d'épargne est égale à l'offre d'épargne.

Dix ans après, Evsey Domar (1946) a atteint le même résultat dans un modèle différent, et qui est souvent confondu avec celui de Harrod, et la même équation a récemment refait surface sous la forme de la deuxième loi fondamentale du capitalisme de Piketty (Piketty, 2014, p. 166).

Harrod (1939) a complété son analyse formelle par des raisonnements sur les conséquences des écarts entre le revenu global réel et le revenu global garanti. Harrod a déclaré que de tels écarts devaient nécessairement se produire parce que le taux de croissance justifié diffère généralement d'un taux de croissance « naturel » qui est déterminé par les changements de productivité et de main-d'œuvre, il a évoqué aussi le problème d'instabilité.
Selon Solow (1956), cette différence entre le taux naturel de croissance et le taux de croissance justifié découle du fait que le travail et le capital sont combinés avec des « proportions fixes ». Solow écrit que dans de telles conditions « il n'y a aucune possibilité de substituer le travail au capital dans la production. Si cette hypothèse est abandonnée, la notion tranchante d'équilibre instable semble aller avec », mais en revanche, Solow a construit un modèle de croissance à long terme qui accepte toutes les hypothèses de Harrod-Domar à l'exception de celles des proportions fixes.

Selon Sato (1964), il est bien connu du modèle simple de Harrod-Domar que, même à long terme, le système économique est davantage équilibré sur sa position de croissance d'équilibre. En effet, lorsque l'économie s'écarte légèrement du taux de croissance naturel, la conséquence serait soit un chômage croissant, soit une inflation prolongée, puisque le système n'a pas de force d'équilibrage intégrée. Les lacunes de ce modèle simple sont discutées depuis un certain temps. L'hypothèse de proportions fixes dans la combinaison du capital et du travail a été le principal objet de la critique dans le modèle de Harrod. En revanche, un modèle alternatif a été développé dans lequel les proportions de facteurs sont flexibles et toutes les rigidités sont supprimées. Ce modèle est souvent appelé modèle « néoclassique ».

Sur la base des trois postulats de Harrod, Alexendre (1950) tire les conclusions suivantes, qu'il désigne comme des théorèmes de base prétendus prouvés :

- Il existe un taux de croissance, G_w, du revenu national tel que si ce taux se maintient pendant une période donnée, les producteurs maintiendront le même taux de croissance du revenu pendant la période suivante si cela est physiquement possible. « Une ligne de croissance garantie G_w est déterminée conjointement par la propension à épargner et la quantité de capital requise par des considérations technologiques et autres par unité d'accroissement de la production totale. »

- Si le résultat agrégé par essais et erreurs de nombreux producteurs donne une valeur pour G (le taux de croissance effectivement réalisé dans la période considérée) qui est différente de G_w, il n'y aura pas de tendance à adapter la production vers G_w, mais, au contraire, une tendance à adapter la production encore plus loin d'elle, que ce soit du côté supérieur ou inférieur.

Selon Kriesler et Nevile (2012), dans le cas de Harrod, les aspects du rôle de l'argent et l'incorporation explicite d'une concurrence imparfaite dans les micro-fondations étaient importants.
Inada (1965) a expliqué une formulation de la version à accélérateur flexible du modèle de Harrod, il a examiné le taux de croissance garanti et les écarts par rapport à celui-ci. La version à accélérateur flexible semble être le cœur du modèle de Harrod selon Inada. L'analyse mathématique d'Inada est correcte dans la mesure où elle va, il a montré que le taux réel de croissance converge vers le taux garanti si le point de départ appartient à un certain ensemble non vide (c'est-à-dire une

condition de stabilité à laquelle le chemin dynamique part d'un point dans un certain ensemble de points initiaux). Reste à savoir si cet ensemble va dans le même sens ou non. Finalement, Inada a trouvé que la solution de l'équation de différence en question converge vers sa valeur d'équilibre (c'est-à-dire que le taux réel de croissance converge vers le taux garanti sous la condition de départ sur le taux initial)[18].

Les travaux intéressants de Harrod sont souvent évoqués dans les littératures récentes sur la théorie dynamique. Plusieurs chercheurs partent des hypothèses de Harrod suivantes :
1) Les propriétés dynamiques d'un modèle à coefficients fixes ;
2) Les implications de la qualification selon laquelle les coefficients fixes comme le taux d'épargne ne sont pas fixés de manière exogène, mais sont plutôt déterminés par les forces économiques ;
3) Le sens alternatif et les sources d'instabilité ;
4) Les interactions possibles entre un multiplicateur (reflétant les décisions de consommation) et un accélérateur (reflétant les écarts d'investissement réels) ;
5) Les conséquences économiques des écarts entre les objets *ex ante* (ou attendus) et *ex post* (ou réalisés).

Harrod a discuté de ces choses d'une manière que les chercheurs d'aujourd'hui auront du mal à comprendre et à apprécier, en partie à cause des progrès réalisés par l'étude de la dynamique économique depuis 1939. Pour Harrod, lorsqu'il y a une augmentation de la production, et donc des revenus, il existe généralement quelques conditions fondamentales telles que la taille de la population ou la technologie connue, les entrepreneurs potentiels qui feront ce qu'ils sont prêts à faire. On peut alors dire que le taux d'augmentation de la production est défini comme le taux d'augmentation du revenu qui, s'il est atteint, sera poursuivi dans le futur par les entrepreneurs tant qu'ils le pourront[19].
Harrod (1936) pensait que le cycle commercial ne pouvait être valablement analysé que dans une économie en croissance, et le cycle et la croissance sont liés dans une certaine mesure dans tous ses écrits sur l'économie dynamique. Il se concentre explicitement sur le cycle

18 Ken-ichi Inada, *The Mathematical Formulation of Harrod's Growth Model*, 1965, vol. 75, pp. 620-624
19 Lawrence E. Blume, Thomas J. Sargent and R. F. Harrod (1939), *The Economic Journal*, March 2015, pp. 350-377.

commercial, mais la théorie qu'il expose est restée à la base de sa théorie du cycle commercial[20]. Selon Harrod, les plus importantes sont les caractéristiques de la trajectoire de croissance à l'équilibre. Harrod a soutenu que les cycles commerciaux sont inévitables dans une économie capitaliste. Harrod (1936) a commencé par considérer les forces affectant la stabilité de l'équilibre statique, il voulait démontrer que les facteurs dynamiques qui n'étaient pas si forts ne pouvaient pas provoquer un cycle commercial.

Selon Besomi (2001), la théorie de la croissance post-keynésienne est considérée comme la vérification de la théorie dynamique de Harrod en 1939. Cependant, Harrod essayait de jeter les bases d'une nouvelle approche de la dynamique économique et déplorait souvent une mauvaise interprétation. Besomi (2001) dit que les fondements de l'argumentation de Harrod sont à examiner et à comparer avec ceux que nous avons acquis jusqu'à maintenant. Pour Besomi, l'intérêt de Harrod pour le cycle commercial et sa critique méthodologique des « théories du retard du cycle » semblent être réducteurs, car il sous-estime les implications intéressantes de son approche non linéaire et les implications épistémiques de l'instabilité.
Pour Besomi (2001), Harrod a introduit un certain nombre de changements dans sa dynamique, notamment en ce qui concerne l'interprétation de l'équilibre (à la suite des critiques), la fonction de l'accélérateur, le rôle de l'intérêt et le déplacement de l'accent sur les cycles pour avancer. Toutefois, certaines caractéristiques sont restées inchangées : la dynamique du système résulte du multiplicateur et de l'accélérateur, le mouvement d'équilibre possible « instable-stable », tout cela donnant naissance au cycle. Harrod a constamment insisté sur les relations mutuelles entre le taux de changement de magnitude dans un état « constant et continu ». Pour Besomi, les progrès ne devraient être étudiés qu'à des stades ultérieurs, et, il suggère d'étudier les modes irréguliers d'avancement du cycle dans leur déroulement dans le temps, afin de servir ainsi de conseil politique.

Du point de vue de Harrod, la nature appropriée de l'économie dynamique était très importante. Cela a provoqué un débat entre Harrod et ceux qui tenaient le point de vue keynésien, qui définissait la

---

20 Peter Kriesler and J. W. Nevile, "Dynamic Keynesian economics: cycling forward with Harrod and Kalecki", *Cambridge Journal of Economics*, 2012, pp. 405-417.

dynamique comme une analyse dans laquelle toutes les variables étaient datées avec au moins un certain retard. Harrod considérait que la définition de l'économie dynamique à sa manière était essentielle pour le progrès de la théorie économique dynamique.
Kriesler et Nevile (2012) expliquent que Harrod débute ses analyses sur les forces affectant la stabilité d'une situation d'équilibre statique. En se fondant sur la base de la théorie microéconomique conventionnelle et du dispositif de l'entrepreneur représentatif, Harrod identifie trois facteurs qui augmentent la stabilité de la position d'équilibre. Ceux-ci ne sont possibles que lorsque la production augmente :

(1) Il peut y avoir des rendements d'échelle décroissants.
(2) Le coût (par unité utilisée) des facteurs premiers de production augmente.
(3) L'élasticité de la demande diminue en raison de la diminution de l'utilité marginale et de la concurrence imparfaite.

Alexendre (1950) a trouvé après ses recherches que les théorèmes de Harrod fournissent des informations précieuses sur certaines relations instables qui peuvent exister dans une économie où certaines dépenses dépendent du taux de variation du revenu. Mais l'existence ou non d'un taux de croissance justifié dépend du moment et de l'ampleur des divers types de dépenses, ainsi que du comportement des prix. De même, bien qu'il semble raisonnable de croire que l'ampleur des dépenses est telle qu'un taux de croissance modéré justifié ne serait pas stable au sens de Harrod. Mais cette instabilité peut être modérée par la flexibilité des prix si les acheteurs ne peuvent ou ne le font pas.
Selon Sato (1964), la conclusion fondamentale du modèle de croissance néoclassique est distincte. Dans certaines circonstances, lorsque la production a lieu dans les conditions néoclassiques habituelles, c'est-à-dire de proportions variables et de rendements d'échelle constants, il n'y a pas de conflit entre les taux de croissance naturels et les taux de croissance justifiés dans le modèle de Harrod. D'un autre côté, le modèle Domar est possible ; c'est-à-dire que l'extrême instabilité de l'équilibre de croissance à long terme est peu probable, le taux de croissance réel peut s'ajuster à n'importe quelle condition initiale donnée, obtenant ainsi une croissance équilibrée à long terme.
Toutefois, les implications pratiques du modèle de croissance néoclassique dépendent fortement de la rapidité avec laquelle l'ajustement se déroulera lorsque le système passera d'un équilibre à un

autre. Si la période d'ajustement est courte, le déséquilibre du système économique est facilement éliminé et une croissance équilibrée est rapidement atteinte. Mais si la période d'ajustement est longue ou si la substitution des facteurs a lieu à un rythme lent, un déséquilibre des taux, tels que le chômage ou l'inflation, peut durer un temps considérable. Si l'ajustement se déroule à un rythme lent, les proportions dans la combinaison du capital et du travail peuvent pratiquement être considérées comme fixes. Sato (1964) proposait de mesurer la durée approximative de la période d'ajustement et de montrer l'importance pratique du modèle de croissance néoclassique par rapport au modèle Harrod-Domar. Sato a réuni un ensemble de résultats numériques pour démontrer la durée approximative du temps d'ajustement. Sato (1964) a montré que le processus d'ajustement dans le système néoclassique à proportions variables ne se déroule qu'à un rythme extrêmement lent. Lorsque le système s'écarte du taux de croissance naturel, il revient toujours à la position d'équilibre d'origine. Mais cela n'est valable que sur le long terme. Ainsi, le modèle de croissance néoclassique peut perdre son fondement de base à moins que la période ne soit extrêmement longue selon Sato. Dans la plupart des cas, le système néoclassique des proportions variables n'exclut nullement l'utilisation de proportions fixes dans la combinaison du capital et du travail, qui est une caractéristique du modèle de croissance Harrod-Domar. En revanche, le processus d'ajustement dans le modèle dynamique est si lent que des proportions fixes peuvent être une hypothèse réaliste à des fins pratiques. La perspicacité du modèle Harrod-Domar peut encore servir de repère dans l'analyse de la croissance théorique, à condition que le côté production soit pris en compte d'une manière similaire au modèle de croissance néoclassique. D'après Keita (2016), la littérature économique est très préoccupée par la question de la croissance économique. De plus, la croissance économique a également été considérée comme argument établissant les conditions du développement économique. Les modèles de croissance économique les plus connus tels que les modèles de croissance de Harrod-Domar, Lewis, Solow et Romer sont souvent débattus. Les discussions s'appliquent à la problématique de la croissance et du développement. Selon Keita, la première condition amplement nécessaire à la croissance et au développement transformationnel est un investissement massif dans le capital humain. C'est l'une des clés de la réussite de certains pays industrialisés.

Pour Domar (2016), l'expression « développement économique » est susceptible d'être suivie par « modèle » et « plan ». Un plan, car nous nous attachons habituellement à maximiser le taux de la croissance de la consommation ou du revenu. Pour cela soit en démêlant un système explicite d'équations ou d'inégalités, ou en sélectionnant un taux cible préliminaire et en l'ajustant par itération.

Selon Keita (2016), Solow a présenté quelques critiques du modèle Harrod-Domar en termes de conclusion. Que l'économie de marché néoclassique était intrinsèquement portée à l'instabilité, aux dépressions et récessions périodiques en raison d'une opposition endémique entre le « taux de croissance garanti » et le « taux naturel de croissance » de l'économie. Comme l'a dit Solow (1956) : « La conclusion caractéristique et puissante de la ligne de pensée Harrod-Domar est que même à long terme, le système économique est au mieux équilibré sur le fil de la croissance d'équilibre ».

Solow a abouti à une équation différentielle exprimable comme suit, mais qui permet des changements dans l'offre de main-d'œuvre et l'introduction de la variable cruciale « changement technologique ». On a donc : $dk/dt = sf(k)-\delta$ selon lequel dk/dt signifie la croissance du stock de capital par travailleur dans le temps, $sf(k)$ qui représente le taux d'investissement (i) en fonction du capital existant stock et δ représente le taux de dépréciation qui est également fonction du stock de capital.

Thomas Piketty (2013) discute des inégalités élevées et croissantes, les dommages causés et la nécessité de taxes punitives pour remédier à ces dommages. Pour Piketty, l'inégalité n'est pas un accident, mais plutôt une spécificité du capitalisme, et cette inégalité ne peut être renversée que par l'interventionnisme d'État. Le travail de Piketty entretient qu'il faut une réforme du capitalisme, sinon l'ordre démocratique même sera menacé[21].

Piketty a démontré que les rendements élevés de la richesse dans le passé n'ont pas conduit à une croissance de l'accumulation de richesse. Le rendement de la richesse a largement dépassé la croissance économique en Grande-Bretagne, en France, aux États-Unis et au

21 Ryan Cooper, "Why everyone is talking about Thomas Piketty's Capital in the Twenty-First Century" (March 25, 2014).

Canada aux XVIIIe et XIXe siècles, mais le ratio richesse/production est resté relativement stable (Homburg, 2014, et Crook, 2014).

Paul Krugman (2014) déclare que Piketty a fait un travail admirable en termes d'inégalités et de l'impact du capital sur l'aggravation des inégalités. Piketty fonde son argumentation sur une formule qui relie le taux de rendement du capital (r) à la croissance économique (g), où r comprend les bénéfices, dividendes, intérêts, loyers et autres revenus du capital et g est mesuré comme la croissance du revenu de la société production. Piketty prône et fait valoir que lorsque le taux de croissance est faible, la richesse a tendance à s'accumuler plus rapidement à partir du taux de rendement du capital (r) qu'à partir du travail, et a tendance à s'accumuler davantage parmi les 10 % les plus riches, augmentant les inégalités. Ainsi pour Piketty, la base fondamentale de divergence et de plus la grande inégalité de richesse peut se résumer dans l'inégalité $r > g$.
Selon M. Potter (2014), Piketty avait des prédictions audacieuses et radicales sur l'avenir dans sa conception de la politique économique. Potter (2014) dit que Piketty a des tendances marxistes évidentes puisque dans ses travaux, il a parlé du fait que l'existence des riches et des pauvres à long terme est principalement due à l'existence de profits (pour les riches) et de salaires (pour les pauvres). Peut-être Piketty pense que ses travaux seraient aussi influents que celui de Marx. Mais il espère sûrement qu'il résistera mieux à l'épreuve du temps que les théories de Marx.

Pour Arthur Lewis (1967), il a développé un modèle d'une approche sociologique pour résoudre le problème économique des pays pauvres d'Afrique. Premièrement, il note que le faible niveau d'épargne en Afrique est dû au fait que les deux classes les plus puissantes, les ouvriers urbains et la classe instruite, ont des demandes illimitées pour plus de consommation et n'épargnent presque rien. Deuxièmement, les politiciens africains n'ont eu aucun programme ; aucune modernisation ne les a précédés, ayant acquis le pouvoir, ils ont décidé d'en profiter[22]. Pour que l'Afrique se développe, les politiciens et intellectuels devront changer d'attitude : participer ensemble pour contenir les dépenses et contribuer de manière significative à trouver les ressources qui

22 Tetteh Kofi, *Arthur Lewis And West African Economic Development*, 1980, pp. 202-227

semblent être en partie déjà à la portée d'eux, selon Lewis. Cela servira à réduire l'élément politique dans l'administration. Plus on se rapproche des analyses détaillées des problèmes eux-mêmes, plus l'élément du parti est éloigné, et plus on se rapproche du consensus entre les hommes raisonnables.

Selon Keita (2016), depuis l'aube de l'économie moderne, il est bien que les pays qui investissent beaucoup de capital humain pour produire des populations hautement instruites en récoltent généralement les bénéfices en termes de PIB par habitant élevé, peu importe les niveaux de leur production technologique et industrielle. Des pays comme la Nouvelle-Zélande, l'Islande et le Danemark en offrent la preuve. Auparavant, la division du monde en nations développées et sous-développées, s'exprimait en termes tripartites : Premier Monde, Deuxième Monde et Tiers-Monde. C'est l'économiste français Alfred Sauvy qui a inventé cette division tripartite en 1952 pour distinguer les nations occidentales, les nations communistes (nations du bloc soviétique, Chine, etc.) et les dénommées non-alignées. Ces nations non alignées comprenaient toutes les nations qui étaient auparavant colonisées par les puissances de l'Europe – Grande-Bretagne, France, Espagne, etc. Mais avec la chute de l'Union soviétique, cette division tripartite est tombée au fur et à mesure que le temps passe. On considère que le Tiers-Monde comprend toutes les nations qui cherchent l'une ou l'autre à se développer sur le modèle des nations industrialisées en transformant leurs économies comparativement à celles des économies développées où les produits primaires indigènes et importés sont transformés en produits finis à l'aide de technologies modernes et technologies innovantes.

Selon Keita (2016), le monde tel que nous le connaissons aujourd'hui est économiquement divisé entre le Nord industrialisé et le Sud en développement. Le Nord industrialisé comprend l'Amérique du Nord, l'Europe, le Japon et certaines parties de l'Eurasie – principalement la Russie. Notons cependant qu'il existe quelques avant-postes du Nord industrialisé comme l'Australie et la Nouvelle-Zélande, d'un autre côté, face à la croissance économique galopante de la Chine, la question est de savoir si la Chine, avec la plus grande production de PIB réel du monde, fait partie du Nord industrialisé ou non ? La question se pose parce que la Chine se considère toujours comme faisant partie du monde en développement[23].

Présentement, la question de la croissance économique et du développement de l'Afrique semble être un travail en cours sans fin. Pour Arthur Lewis, les problèmes africains qui les distinguent du modèle européen original sont :
(a) La lutte pour contenir la consommation ;
(b) L'effort pour construire une nation ;
(c) L'efficacité administrative.
Comme nous le constatons, les ingrédients économiques sont tous là pour le développement selon Lewis, mais les éléments politiques et humains doivent être apprivoisés et adaptés avant que de sérieux progrès puissent être réalisés. Pour Keita (2016) dans le monde actuellement globalisé, des progrès ne peuvent être réalisés qu'à partir des plans élaborés par des théoriciens tels que Nkrumah et d'autres il y a de nombreuses années. Ces plans sont désormais bien adaptés par l'Union européenne, la preuve, l'Union européenne possède actuellement le plus grand PIB collectif du monde. Mais pour en arriver, un élément clé s'impose comme une condition préalable absolument nécessaire au développement économique du continent africain. C'est un investissement beaucoup plus important dans le capital humain. Il existe des modèles à émuler et à modifier pour s'adapter aux conditions locales si nécessaire, selon Lewis. Les systèmes éducatifs de pays comme la Finlande, la Corée du Sud, la Nouvelle-Zélande et d'autres similaires en sont des exemples. Cela impliquerait plus d'universités et de centres de recherche, voire la construction de villes scientifiques. Pour Keita, la solution pour le développement et la croissance du continent africain va d'un pas égal sur les investissements accrus dans le capital humain, et la mise en œuvre urgente des idées d'intégration régionale, de monnaies uniques, les marchés continentaux étant considérés alors, comme issus.
Comme la croissance économique et le développement sont fortement liés aux améliorations technologiques, le modèle Harrod-Domar nécessite une refonte radicale si le modèle devait offrir la dynamique de la croissance dans le temps, selon Keita (2016). D'ailleurs, c'était le

23 Lansana Keita, "Models of Economic Growth and Development in the Context of Human Capital Investment – The Way Forward for Africa", *Africa Development/* (2016), pp. 23-48.

but du modèle Solow lorsqu'il ajoutait le temps comme variable. Pour Keita, il a suggéré que la substituabilité du travail et du capital devait être introduite comme un moyen d'ajouter de la flexibilité au modèle Harrod-Domar. Cette flexibilité était nécessaire pour s'adapter au changement technologique. Mais le changement technologique n'est pas une sorte de faiseur de miracles. Il doit avoir une source. Cette source doit provenir des efforts des individus qui ont bénéficié d'investissements antérieurs dans leur capital humain. Telle est la base de l'hypothèse de Kuznets et l'explication de l'émergence des quatre tigres asiatiques depuis les années 1960. Il faut savoir que la principale raison pour laquelle Hong Kong, la Corée du Sud, Taïwan et Singapour se sont développés ces derniers temps, est l'investissement accru dans le capital humain. Ce dernier a, à son tour, porté comme fruit des technologies nouvelles et d'adaptation rapide.
Pour Kriesler et Nevile (2012), qui ont étudié le cas de Kalecki, le cas des pays en voie de développement découle d'une concurrence imparfaite et d'un accent mis sur la nature contradictoire de l'investissement en tant que création d'une demande et d'une capacité effectives.

3. Les leçons tirées du modèle de LEWIS

Pour Arthur Lewis (1967), beaucoup de gens ont du mal à voir que quelques fois, l'introduction d'une technologie plus productive peut réduire le revenu d'un pays, ce qui semble être le cas dans le continent africain dans le monde actuel. Pour clarifier ses travaux, Lewis a examiné comment une innovation dans une industrie particulière peut affecter l'emploi dans cette industrie. Selon Lewis, on peut distinguer trois cas :

1- Le coût du travail par unité de production n'est pas réduit. Par exemple, l'innovation peut permettre de produire un nouveau produit ; utiliser des ressources naturelles jusque-là inexploitées ; réduire le gaspillage de matières premières ; normaliser le produit ou produire une qualité plus uniforme ; réduire le besoin de personnel d'encadrement en rendant les processus plus automatiques ; ou pour éliminer les compétences rares. Si l'innovation ne réduit pas le coût de la main-d'œuvre par unité, elle augmentera l'emploi, nous n'avons donc pas à nous inquiéter.

2- Le travail par unité de production est réduit, mais la demande du produit est suffisamment élastique pour empêcher l'emploi de baisser. Les cas les plus importants relevant de cette catégorie sont les industries d'exportation qui ne survivent que si elles peuvent maintenir leurs coûts monétaires en ligne avec les prix mondiaux. L'argument en faveur d'une innovation peut alors ne pas être qu'elle augmentera l'emploi, mais que l'emploi diminuerait d'autant plus que l'innovation n'a pas été introduite.

3- Le travail par unité de production diminue et la demande n'est pas suffisamment élastique pour empêcher l'emploi de baisser.

La plupart des débats sont centrés sur ce troisième cas de Lewis. Presque tout le monde est favorable aux innovations des deux types précédents, car elles augmentent la production sans réduire l'emploi. Dans ce troisième cas, il faut tenir compte à la fois de l'emploi dans l'industrie qui utilise une nouvelle machine et également de l'emploi généré lors de la fabrication de la machine. L'emploi net ne diminue que si le déclin de l'industrie de la machine dépasse la croissance de l'industrie de la fabrication de machines. Si une augmentation des importations assure automatiquement une augmentation équivalente des exportations, l'investissement créera des emplois, que les machines soient fabriquées dans le pays ou achetées à l'étranger. Mais si le mécanisme d'équilibrage fonctionne de manière imparfaite, alors plus la dépendance vis-à-vis des machines étrangères est grande, plus l'emploi net créé par l'investissement dans la nouvelle technologie sera petit.

Selon Kofi (1980) partisan des travaux sur la question de la technologie, Lewis tient en cause l'idée que les retardataires ont un arriéré de technologie parmi lesquel choisir : « Une des raisons a été l'idée, vaguement maintenue, que la science européenne était librement accessible à l'Afrique, une idée qui surestime le cas. Les principes de base de la science sont librement disponibles, mais il est nécessaire de consacrer beaucoup d'efforts à les appliquer à des problèmes particuliers de l'Afrique avant d'obtenir des résultats techniquement utiles ». Cette importante observation sociologique de Lewis était encore négligée en 1975 par certains économistes néoclassiques (Kofi [1980]) : « L'existence de cet arriéré technologique, dont une grande partie est transférable, crée la possibilité pour les pays en développement tardifs de contourner le vaste investissement en temps et en cela ouvre la voie à des taux de croissance économique beaucoup plus rapide que ceux observés ».

Selon Lewis, chaque pays qui passe d'une économie de subsistance pauvre à une économie de marché en expansion rapide subit généralement de profonds changements (culturels, régime foncier, les loyautés tribales, les institutions politiques, et même de la structure familiale…). Lewis pose la question suivante, qui est de savoir : comment transformer une telle économie en état de choc et de flux ? La réponse de Lewis est basée sur l'économie de l'allocation efficace des ressources et sur la politique d'un gouvernement efficace, c'est-à-dire à travers une politique de finance publique soutenable.

Les travaux de Lewis montrent qu'il partage les mêmes sentiments des anti-impérialistes et prône l'indépendance autonome et économique des économies du tiers-monde. Lewis fait valoir son attachement aux valeurs libérales et à la démocratie, mais aussi son mépris des idées et des révolutions marxistes, selon Kofi (1980), ces caractères de Lewis exaspèrent et éloignent certains économistes du tiers-monde de son travail. Les économistes radicaux peuvent être en désaccord avec certains aspects de son travail pour des raisons idéologiques, son utilisation des outils néoclassiques pour prescrire des politiques pour les pays du tiers-monde sans expliquer le moyen politique pour atteindre les objectifs. D'autres reprochent à Lewis de travailler comme technicien, mais pas comme économiste politique. Nous pouvons soutenir que le travail de Lewis le place dans le camp de « l'école positive ». Selon Kofi, Lewis évoque ses idées et se considère comme un technicien qui exclut toute théorisation normative explicite et accepte les préférences des « autorités » comme données ; que ce soient les Nations Unies, les gouvernements nationaux.

Dans sa quête de la croissance du revenu et de redistribution, Thomas Piketty (1995) développe une théorie de l'apprentissage rationnel de la politique de redistribution cherchant à expliquer des faits stylisés importants concernant l'effet de la mobilité sociale sur les attitudes politiques individuelles et les résultats politiques globaux. Du point de vue de Piketty, la mobilité sociale joue un rôle crucial dans la formation des attitudes politiques (en particulier à l'égard de la redistribution) à une longue histoire dans les sciences sociales.

Pour Piketty, les études empiriques comparatives des taux de mobilité sociale ont depuis longtemps démontré l'absence de différence significative entre les pays industriels. Lipset et Bendix (1959) et Lipset

(1966, 1977, 1992) ont suggéré à plusieurs reprises que les différences persistantes entre les politiques redistributives européennes et américaines pourraient être dues à des différences persistantes dans les croyances populaires sur la mobilité sociale.

Piketty (1995) a pour objectifs de fournir quelques bases théoriques pour mieux comprendre l'économie politique de la redistribution et en particulier certains faits stylisés importants concernant l'effet de la mobilité sociale sur les attitudes politiques à l'égard de la redistribution (par exemple, le fait que les électeurs ayant des revenus identiques, mais des origines sociales différentes votent différemment). Cela donne une image plus riche de la politique redistributive que le modèle standard de choix public (qui ne peut pas rendre compte de ces faits stylisés), et cela montre l'importance des systèmes de croyances pour la génération et la dynamique des inégalités.
Pour Piketty (2005), la baisse de l'inégalité des revenus peut venir d'un faible revenu du capital, et des chocs exogènes sur les capitaux (destructions, inflation, faillite…). À noter que les propriétaires de capitaux peuvent subir des chocs importants et que cela peut avoir un impact important sur la répartition des revenus[24].
Au niveau de la fiscalité, Cornwall (1965) a consacré une partie de ses travaux sur la politique contracyclique qui peut être déstabilisante en ce sens qu'elle augmente l'amplitude des cycles ou leur fréquence ou les deux par rapport à une politique de ne rien faire. Pour Piketty et Saez (2013), la politique fiscale progressive devrait et pourrait être utilisée pour inverser la répartition des revenus marchands. Selon Cornwall, la plupart des exemples que certains auteurs ont pu évoquer sont des variantes de deux modèles fiscaux ou politiques fiscaux développés par Phillips « la politique de stabilisation proportionnelle (PSP) et la politique de stabilisation des dérivés (DSP) ». Il a avancé que les modèles contracycliques utilisés pour illustrer ce paradoxe ne sont pas vraiment des politiques contracycliques discrétionnaires, mais sont étroitement lié aux politiques de stabilisation intégrées. Cornwall (1965) a en outre avancé qu'une politique contracyclique discrétionnaire correctement définie peut être stabilisatrice, quelle que soit la variable que l'on choisit de stabiliser si les prévisions sont parfaites. Ainsi, implicitement, le fait qu'une politique discrétionnaire dynamique se stabilise ou non dépendra du degré de précision des

24 Thomas Piketty, *Top Income Shares in the Long Run: An Overview* (2005).

prévisions. Cornwall a montré que le modèle fiscal ou contracyclique typique ressemble plus qu'il ne diffère des modèles néoclassiques par rapport à un autre groupe important de modèles dynamiques.
Le bien-être global ne découle pas mécaniquement du revenu et de la croissance agrégée, selon Piketty, d'un côté parce que la macro-volatilité agrégée peut être difficile à appréhender dans des contextes d'agents représentatifs. Et de l'autre, Piketty et Saez (2013) expliquent que les macroéconomistes ont progressé dans l'intégration de l'hétérogénéité et des inégalités transversales dans les modèles macroéconomiques.
Selon Piketty, il faut introduire une vision plus riche du marché du travail. Autrement dit, la rémunération peut ne pas toujours être égale au produit marginal, et les changements dans le pouvoir de négociation peuvent potentiellement jouer un rôle important, en particulier en ce qui concerne la rémunération des dirigeants. Piketty et Saez (2013) ont étudié l'interaction entre la fragilité macroéconomique et la répartition des revenus et de la richesse, les deux chercheurs ont introduit la hausse des ratios richesse-revenu, la montée de l'intermédiation financière et de la mondialisation dans leurs recherches. Piketty et Saez (2013) ont abouti à ce que les ratios constants décrits il y a un demi-siècle dans les « faits de Kaldor » ne semblent pas constants[25].

Dans son approche probabiliste de redistribution du revenu, Intriligator (1979) a mis l'accent sur la redistribution des revenus par opposition à l'accent plus habituel sur la distribution des revenus, et il a élaboré quatre principes de redistribution des revenus. En prenant en compte à la fois les niveaux de revenu initiaux (avant redistribution) et les niveaux de revenu de base (par exemple, les niveaux de subsistance), selon Intriligator, dans un système de revenu linéaire, il existe une classe collective de redistributions. Ce système est semblable au système de dépenses linéaires de la théorie de la demande, le revenu étant donné par les niveaux de revenu de base plus la part du revenu marginal multiplié par le revenu excédentaire (c'est-à-dire, le revenu supérieur au revenu de base total). En général, les parts de revenu marginales peuvent dépendre de tous les niveaux de revenu initial. Un cas particulier, le système de revenu égalitaire, utilise des parts de revenu marginales constantes et égales. Ce système satisfait à tous les

25 Thomas Piketty and Emmanuel Saez, *Top Incomes and the Great Recession: Recent Evolutions and Policy Implications*, 2013, pp. 456-478.

principes de la redistribution des revenus dans le cas du petit nombre d'une société avec un petit nombre d'individus, par exemple, une famille ou une société de personnes, et il peut être raisonnable dans un tel contexte. Cependant, il ne satisfait pas au principe selon lequel le revenu augmente avec le revenu initial dans le cas des grands nombres[26].

Piketty (2013) commençait à fournir une théorie dans le cadre de l'analyse des fluctuations de la politique de redistribution, il attire l'attention par l'observation attentive des effets des changements dans la distribution avant impôts sur les politiques de redistributions. Piketty et Saez (2013) partent d'un concept où il y a une élection, selon eux, au lieu de considérer la politique comme un jeu conçu pour regrouper des intérêts bien informés et contradictoires, il observe que la principale différence entre les électeurs ne réside pas dans leurs intérêts divergents et leurs fonctions objectives, mais plutôt dans l'information. Des idées sur les politiques auxquelles ils ont été exposés au cours de leur vie sociale. Généralement, la règle de la majorité est mal adaptée aux intérêts conflictuels agrégés, car des croyances et des idées divergentes sur l'intervention du gouvernement dans l'économie sont omniprésentes (pas seulement parmi les économistes). Le fait est que même si les gens peuvent avoir des opinions différentes sur la meilleure politique possible, ces croyances ne sont pas arbitraires. Les agents sont ordinairement exposés aux différentes informations en fonction de leur situation économique.

Piketty et Saez (2013) ont aussi analysé l'importance relative des forces du marché et institutionnelles pour expliquer les tendances observées entre les pays, et de l'impact probable d'une récession sur ces évolutions à long terme. Il examine les implications politiques des résultats, à la fois en termes de politique fiscale optimale, et, mais également ce qui concerne l'interaction entre les inégalités et la fragilité macroéconomique.

Piketty et Saez (2013) souhaitent que leurs approches en matière d'innovation soient suffisamment souples et gratifiantes pour résoudre à l'avenir des questions d'économie politique intéressantes. Piketty et Saez (2013) expliquent que le coût de l'argent de l'innovation doit être inférieur au coût en argent du travail économisé, sinon l'entrepreneur

26 Michael D. "Intriligator, Income Redistribution: A Probabilistic Approach", *The American Economic Review* (Mar. 1979), pp. 97-105.

n'investira pas dans l'innovation, mais les coûts en argent et les coûts réels peuvent ne pas être les mêmes. Deux cas sont pertinents :

(a) le travail pourrait produire dans d'autres industries autant qu'il gagne dans celle-ci. Le coût monétaire du travail est donc égal à son coût réel. Si le coût monétaire du capital est aussi son coût réel (les taux d'intérêt et de change sont justes), alors, l'innovation doit être adoptée. C'est l'équilibre néoclassique de plein emploi, où tous les prix sont justes.

b) Le salaire dans cette industrie dépasse le produit marginal du travail ailleurs à un point tel que le coût de l'innovation dépasse la valeur du travail qu'elle déplace. Cela est courant dans les pays sous-développés à la fois parce que les salaires sont trop élevés et aussi parce que le coût réel du capital est masqué par des taux d'intérêt et de change incorrects.

Dans la plupart des littératures, la redistribution du revenu est abordée de manière globale. Le PIB par habitant, les salaires, les inégalités, la consommation sont les indicateurs les plus étudiés pour estimer la redistribution qui existe entre les catégories sociales. Ce thème est très présent dans le débat public aussi et attire de plus en plus une attention des chercheurs, qui essaient d'apporter des explications et des réponses aux questions des inégalités. Néanmoins, la situation semble s'aggraver dans la période récente tant dans les pays émergents et développés que dans les pays en voie de développement. Selon Bourguignon et Morrisson [2002], la progression continue et considérable sur l'inégalité entre pays.
Elle a été multipliée par huit entre 1820 et 1992 (cf. Piketty [2013], pour la série plus récente). Les travaux les plus pertinents sur ce sujet émanant des chercheurs ci-après cités – Stiglitz (2012), Solow (2014), Atkinson (2016), Bourguignon (2012), sans oublier les publications de différentes revues – témoignent de l'aggravation de la situation des inégalités. Par ailleurs, le point de vue des chercheurs est partagé sur cette tendance car selon Morrisson et Murtin (2012), une « hausse d'ici 2030 n'est pas probable ».

4. Analyse du développement de Madagascar et de la vision de la politique économique

Les travaux qui portent sur les études de la finance publique et la redistribution du revenu sont-ils suffisamment pertinents pour des recherches menées sur des pays en voie de développement, confrontés à une pauvreté massive et dans lesquels les ultra-pauvres sont en nombre croissant ? Cette interrogation constitue le fondement et le fil directeur de mes recherches. Généralement, le problème de redistribution apparaît lorsqu'on s'appuie sur le fait qu'il existe deux classes extrêmes : d'un côté les riches et de l'autre les pauvres. Il est également possible de prendre en compte la présence d'une classe moyenne. Mais, qu'en est-il lorsque 93,7 % de la population, comme celle de Madagascar (INSTAT [2016])[27] qui fait l'objet de cette recherche, vivent en dessous du seuil de pauvreté, c'est-à-dire avec un revenu de moins de 2 $ par jour ? Les ménages ruraux qui vivent en grande partie dans l'extrême pauvreté, avec un revenu de moins de 1 $ par jour ? Autrement dit, si la grande majorité de la population de Madagascar est pauvre, est-il encore pertinent d'étudier la redistribution du revenu dans le pays ?

Madagascar connaît depuis son indépendance une croissance économique faible et une instabilité politique récurrente. Une succession de crises politiques et une faiblesse au niveau de la gouvernance ont rendu une limite des recettes fiscales, l'investissement public, les dépenses sociales, et l'investissement privé, en particulier l'IDE, ce qui s'est traduit par une croissance somnolente qui, dans le meilleur des cas, est à peine en ligne avec le rythme rapide de la croissance démographique et d'une dégradation des indicateurs du bien-être social (FMI 17/223).

Par ailleurs, à cause des crises politiques, la réduction substantielle des appuis extérieurs à son tour a engendré une forte restriction des dépenses liées aux secteurs prioritaires (santé, éducation, l'agriculture) et à l'investissement public. Cependant, les investissements publics, pour se réaliser, nécessitent des ressources en général et des ressources financières en particulier qui proviendront des impôts, taxes, droits de

27 https://www.instat.mg/madagascar-en-chiffres.

douane, redevances, etc. Les investissements privés à eux seuls ne suffisent pas pour engendrer la croissance économique dans un pays en développement. D'un autre point de vue, ces fonds publics, pour financer des investissements, nécessitent qu'ils soient gérés de manière efficace par différents gestionnaires des fonds publics.

Depuis ces 20 dernières années, les recettes fiscales malgaches ont connu quelques troubles, une contraction de l'assiette fiscale à cause du ralentissement économique.

À Madagascar même partout ailleurs, les recettes fiscales sont généralement la source de revenus principale pour l'État. Elles comprennent les impôts sur la production et les importations, les impôts courants sur le revenu, les cotisations sociales et les impôts sur le capital.

Entre 2008 et 2010, la dernière période de crise, la baisse des recettes fiscales de Madagascar a été généralisée, mais, néanmoins variée selon le type d'impôts.

Elle a été particulièrement marquée pour les recettes provenant du commerce international (-30 %) car les importations ont chuté de près de 70 % (en termes réels) durant cette période. Elle a aussi été significative pour les impôts directs (-25 %) dans la mesure où la majorité des entreprises formelles ont vu leurs gains baisser pendant cette période de crise. Cependant, le niveau des recettes perçues sur les transactions domestiques est resté relativement constant entre 2008 et 2010.

Selon l'OCDE, le ratio impôts/PIB à Madagascar a diminué de 0.2 point de pourcentage entre 2018 et 2019, puis passant de 11,4 % en 2018 à 11,2 % en 2019. Depuis 2010, la moyenne des 30 pays africains a augmenté de 1.8 point de pourcentage entre 2010 et 2019, passant de 14,8 % en 2010 à 16,6 % en 2019, le ratio le plus bas de Madagascar était de 6,5 % en 2002[28].

Le recouvrement fiscal à Madagascar est faible pour plusieurs raisons. Il est souvent prétendu que la collecte des impôts est rendue difficile à cause de la structure de l'économie malgache. La part des activités rurales, de petite taille et dispersées sur un immense territoire, rend plus difficile l'action de l'administration fiscale.

---

28 https://www.oecd.org/fr/fiscalite/politiques-fiscales/statistiques-recettes-publiques-afrique-madagascar.pdf

Pour Madagascar, la prédominance de l'économie non bancarisée et la corruption sont des éléments clés derrière le faible recouvrement fiscal. Le taux de bancarisation à Madagascar atteint 18 % en 2017 contre 15 % en 2011[29]. Le réseau est constitué d'environ 385 agences bancaires en 2019. Les actifs bancaires (2,3 Mds€) représentent 26,5 % du PIB en 2018 selon la Banque centrale de Madagascar (BFM). Bref, face à cette situation de faible bancarisation, il est estimé que 40 % du PIB officiel ne sont pas soumis directement à l'impôt car ils évoluent en dehors des circuits de l'économie formelle.

Il existe aussi des cas où un certain nombre d'entreprises et d'activités sont enregistrées mais qui ne paient pas ou peu d'impôts pour des raisons réglementaires liées à leur situation financière ou leur secteur d'activités. Parmi les secteurs qui échappent à la fiscalité il y a ceux qui bénéficient de régimes favorables tels que les entreprises exportatrices, les secteurs miniers ou touristiques. Par conséquent, la collecte des impôts est obscure, faible et inégale à Madagascar, car elle se concentre autour de quelques activités telles que : les tabacs et alcools, les prestations de services, les industries et communications et les véhicules à moteur[30]. Ces cinq secteurs comptent ensemble pour presque la moitié des recettes fiscales intérieures. En revanche, les secteurs des mines, du tourisme et de l'exportation qui sont considérés comme les vecteurs de croissance de l'économie malgache apparaissent comme des contribuables peu importants.

Au niveau des comportements des contribuables, ils n'ont pas d'incitation à remplir leur devoir de citoyens, surtout que les risques de sanctions demeurent extrêmement faibles. Ainsi, la répartition des charges fiscales est inégale. D'un autre côté, le score pour Madagascar sur l'indice de perception de la corruption (IPC 2020) perçue dans le secteur public pour 180 pays dans le monde est de 25 sur 100, soit 149e rang sur 180 pays. Le pays est au même rang que Cameroun, Guatemala, Iran, Liban, Mozambique, Nigeria, ce qui signifie que la corruption dans les secteurs publics persiste toujours.

En ce qui concerne les recettes non fiscales de l'État malgache, elles apparaissent anormalement basses étant donné la structure de l'économie.

Au niveau des dépenses en général, celles en capital constituent les investissements directs de l'État, les investissements réalisés avec

29 Banque mondiale.

30 www.impots.mg/ public/upload/pdf/FLYER-systeme-fiscal-mg-2018_317.pdf

l'aide de l'État et les prêts. Quant au financement, il correspond aux variations de créances ou des dettes nécessaires pour la gestion financière des finances publiques.
Les ressources sont allouées principalement aux dépenses de fonctionnement. Ainsi, le budget d'investissement est la principale variable d'ajustement qui est censé impacter sur la redistribution du revenu, en cas de forte variation des financements externes, pour préserver le paiement des salaires et du service de la dette. Selon l'enquête auprès des ménages, le salaire moyen d'un fonctionnaire malgache se situe autour de 5 millions d'ariary par an, ce qui correspond à 5 fois le revenu moyen par habitant[31], une politique d'atténuation des inégalités de revenus qui vise à réduire les écarts de revenus entre les ménages doit être envisagée, car ce chiffre révèle une inégalité des revenus importante en revanche ; ce salaire moyen est aussi très bas par rapport au niveau mondial, ce qui nous mène à réfléchir sur l'hypothèse de Morrisson et Murtin [2012] cité plus haut.

La gestion des finances publiques a un rôle important sur l'activité économique quel que soit le niveau de développement du pays. Elle consiste à utiliser certains instruments tels les dépenses publiques, les prélèvements fiscaux et l'endettement public pour influer sur la conjoncture économique. Les interventions du secteur public dont particulièrement le maniement des recettes et l'affectation des dépenses publiques ont des influences sur l'activité économique. L'État malgache doit mettre en place une gestion efficace des finances publiques afin d'assurer la stabilité macroéconomique et la croissance économique. Le gouvernement doit aussi faire le choix entre réduire le poids des dépenses publiques en augmentant les recettes ou stimuler la croissance économique en encourageant les investissements productifs par la politique de déficit. Une politique qui a fait ses preuves dans certains pays émergents.

31 Banque mondiale.

Au fil du temps, un certain nombre d'idées, de changements et de cas particuliers sur la finance publique, la redistribution du revenu et la croissance sont apparus dans la littérature. D'un côté, l'interprétation de l'équilibre et la conception des politiques à envisager dépendent des interprétations de chaque « école », d'un autre côté, face au progrès technique et la mondialisation, les dépendances économiques des pays en développement sont toujours d'actualité, à cause des tendances de copier grossièrement l'économie des pays industrialisés.

Conclusion

Madagascar se trouve parmi les dix premiers du classement des pays qui créent le moins de richesses par habitant avec un PIB par habitant de 530 dollars.
L'économie de Madagascar repose essentiellement sur l'agriculture mais parallèlement 71 % des Malgaches vivent sous le seuil de pauvreté. Depuis son indépendance, l'État malgache, dans sa politique de redistribution des revenus a utilisé la politique interventionniste par la dépense. L'État se sert du budget étatique à des fins de redistribution pour assurer l'égalité des chances et l'égalité de traitement par des transferts à tous les individus. Pourtant, le pays fait toujours partie des pays les plus pauvres du monde.
En matière de fiscalité, Madagascar a opté sur l'application du taux progressif à l'Impôt sur le revenu des salariés et assimilés. Chaque année, dans la loi de finances, les tranches de revenus les moins élevées étant faiblement imposées par rapport à celles qui sont plus élevées. Concernant les impôts indirects, la redistribution s'opère par l'exemption de taxes aux produits les plus consommés par les couches les plus pauvres de la population et une forte imposition des produits de luxe.

Au niveau de la politique de sécurité sociale, elle est gérée au sein des organismes de sécurité et de prévoyances sociales rattachés à l'État. Sa tâche a été établie pour assurer la sécurité aux travailleurs régis par le Code du travail et assimilés. Elle assure donc, d'une part, les régimes de compensation tels que les prestations familiales, les accidents de travail et les maladies professionnelles, les pensions de retraite et, d'un autre côté, l'amélioration les conditions de vie et de travail, sur le plan social et sanitaire des travailleurs.

Madagascar est un pays qui a beaucoup de potentiel au niveau minier, intellectuel, et bien d'autres encore, mais, les catastrophes naturelles, la mauvaise gouvernance, les crises politiques cycliques liées à la corruption ne font qu'amplifier la pauvreté et causent encore plus le retard en matière de développement. Il faut peut-être d'autres approches sur les politiques à mener pour sortir le pays de la pauvreté.

Tableau sur le salaire et le revenu de Madagascar (2010-2020)

Année	Salaire mensuel moyen par habitant en $US	Revenus primaires nets, balance des paiements, $US	Revenus secondaires nets, BDP, $US	Transferts personnels et rémunération des employés ($ US)	Taux de change moyen annuel officiel (devis local par $US)
2010	35	- 179 338 079	542 971 538,7	455 825 544	2 089,95
2011	35	- 211 858 429	582 613 961,3	335 015 247	2 025,11
2012	36	- 371 133 499	580 201 505,6	330 495 620	2 194,96
2013	37	- 423 374 487	624 834 289,6	357 754 331	2 206,91
2014	37	- 349 900 178	725 263 433,9	344 438 244	2 414,81
2015	35	- 428 242 218	529 180 401,9	326 844 541	2 933,51
2016	33	- 469 142 071	689 369 034,3	299 204 626	3 176,53
2017	39	- 416 267 552	730 166 194,9	342 776 978	3 116,11
2018	42	- 460 462 854	972 038 297,5	425 502 226	3 334,75
2019	43	- 518 390 948	793 011 400,9	407 676 204	3 618,32
2020	43	- 451 093 378	889 345 775,2		3 787,75

Source : Banque mondiale, OCDE, Instat

Tableau sur les revenus par rapport au PIB de Madagascar (2010-2020)

PIB ($US constant 2015)	PIB par habitant ($US constant 2015)	Rémunération des salariés (% PIB)	Revenus fiscaux % PIB	Revenus hors subvention (% PIB)
9 925 206 717	469,24	4,6	8,53	10,64
10 081 868 865	463,66	2,9	8,71	9,69
10 385 448 869	464,74	2,9	8,35	9,16
10 624 353 267	462,70	2,9	8,78	9,53
10 979 122 002	465,41	2,8	8,44	9,29
11 323 020 829	467,23	2,9	8,94	9,78
11 775 165 589	473,01	2,5	9,24	10,05
12 238 319 072	478,61	2,6	9,96	10,87
12 629 254 614	480,88	3,1	10,21	11,44
13 186 360 351	488,93	2,9	10,9	11,56
12 244 773 576	442,19			10,5

Source : Banque mondiale

Bibliographie

ALEXANDER S. S. (1950), "Mr. Harrod's Dynamic Model", *The Economic Journal* (Dec., 1950), pp. 724-739.

BARRO J. R. and SALA-I-MARTIN X. (1992), "Public Finance in Models of Economic Growth", *The Review of Economic Studies* (Oct., 1992), pp. 645-661.

BARRO J. R. (1990), "Government Spending in a Simple Model of Endogeneous Growth", *Journal of Political Economy*, p. 98, S103-S125.

BAILY M. N., GORDON R. J., and SOLOW R. (1981), "Productivity and the Services of Capital and Labor", *Brookings Papers on Economic Activity*, 1981, pp. 1-65.

BESOMI D. (2001), "Harrod's dynamics and the theory of growth: the story of a mistaken attribution", *Cambridge cycle Journal of Economics* (January 2001), pp. 79-96.

BLUME L. E., SARGENT T. J. and HARROD F. (1939), *The Economic Journal*, March 2015, pp. 350-377.
CORNWALL J. (1965) “The Structure of Fiscal Models”, *The Quarterly Journal of Economics*, Nov. 1965, pp. 608-622.
DOMAR E. D. (2016), “Reflections On Economic Development”, *The American Economist* (March 2016), pp. 21-29.
FEEHAN J. P. (1998), “Public Investment: Optimal Provision of Hicksian Public Inputs”, *The Canadian Journal of Economics/Revue canadienne d'Économique*, Aug., 1998, pp. 693-707.
GUNDLACH E. (2007) “The Solow model in the empirics of growth and trade”, *Oxford Review of Economic Policy* (SPRING, 2007), pp. 25-44.
INADA K.-I. (1965) “The Mathematical Formulation of Harrod's Growth Model: A Comment”, *The Economic Journal*, Sep., 1965, pp. 620-624.
KEITA L. (2016) “Models of Economic Growth and Development in the Context of Human Capital Investment – The Way Forward for Africa”, Africa Development/Afrique et Développement (2016), pp. 23-48.
KOFI T. (1980) “Arthur Lewis and West African Economic Development”, Social and Economic Studies, December 1980, pp. 202-227.
KRIESLER P. And NEVILE J. W. (2012) “Dynamic Keynesian Economics: Cycling Forward With Harrod And Kalecki”, *Cambridge Journal Of Economics*, March 2012, pp. 405-417.
LEWIS W. A. (1965) “A Review of Economic Development”, *The American Economic Review*, Mar. 1, 1965, pp. 1-16.
LEWIS W. A. (1980) “The Slowing Down of the Engine of Growth”, *The American Economic Review*, Sep. 1980, pp. 555-564.
MINEA A. and VILLIEU P. (2009) “Borrowing to Finance Public Investment? The ‘Golden Rule of Public Finance’ Reconsidereding”.
MOUDUD J. (2006) “How State Policies Can Raise Economic Growth”, Challenge, March-April 2006, pp. 33-51.
MUSGRAVE P. B. (2007) ‘Thoughts on Writing a Public Finance Text’ (2007), pp. 350-352.
OATES W. E. (1968) “The Theory of Public Finance in a Federal System”, *The Canadian Journal of Economics/Revue canadienne d'Économique*, Feb., 1968, pp. 37-54.

PIKETTY T. (2005) “Top Income Shares in the Long Run: An Overview”, *Journal of the European Economic Association* (2005), pp. 382-392.

PIKETTY T. And SAEZ E. (2013) “Top Incomes And The Great Recession: Recent Evolutions And Policy Implications” (2013), pp. 456-478.

PREST R. (1959) “Reviewed Work(s): The Theory of Public Finance.” (1959), pp. 766-770.

PIKETTY T. (2005) “Top Income Shares in the Long Run: An Overview”, *Journal of the European Economic Association* (2005), pp. 382-392.

SATO R. (1964) “The Harrod-Domar Model vs the Neo-Classical Growth Model”, *The Economic Journal*, Jun. 1964, pp. 380-387.

SOLOW R. (1988) “Growth Theory and After”, *The American Economic Review*, Jun. 1988, pp. 307-317.

SOLOW R. (2001) “A Contribution to the Theory of Economic Growth”, *The Quarterly Journal of Economics*, Feb. 1956, pp. 65-94.

SOLOW R. (2016) “Resources and Economic Growth”, *The American Economist*, March 2016, pp. 52-60.

Hobisoa RAZAFINDRAMANANA est Doctorant en Sciences économiques à l’Université de Madagascar et à l’Université de Guyane. Son parcours d’étude est orienté vers les analyses comparatives des trajectoires de croissance et de développement des pays de l’océan Indien. Il réalise actuellement des travaux comparatifs sur Madagascar depuis l’indépendance et la Guyane française depuis la départementalisation.

Introduction

Dans un contexte complexe d'un point de vue identitaire comme juridique, les régions d'outre-mer semblent peiner à voir leur économie dans un cheminement de performance, de croissance et de développement.

En effet, leur éloignement géographique de la France hexagonale, leur appartenance à l'Union européenne imposent bien souvent un régime spécial aux entreprises présentes sur ces territoires. Ceux-ci se retrouvent dans un contexte marqué par une monnaie forte qui est l'euro et un coût du travail élevé dans un environnement géoéconomique qui est globalement différent.

Dans ce cadre, la performance des entreprises est remise en cause comparativement à la réalité observée en France hexagonale.

Toutes choses étant égales par ailleurs, au travers de ce papier, nous souhaitons voir si dans les Antilles françaises, la performance des microentreprises et des PME est réellement moindre comme le laissent entendre les affirmations courantes. Nous profiterons à l'occasion de nos travaux pour examiner l'approche de la performance, de sa subjectivité et donc de son adaptabilité. D'ailleurs, dans ce souci, seront mises en avant les spécificités des microentreprises et des PME, car ce sont ces catégories d'entreprises qui composent exclusivement le tissu économique des deux territoires étudiés.

D'où, nous faisons d'abord une revue de la littérature. Elle reste non exhaustive. Cependant, sachant que c'est un sujet qui requiert beaucoup l'attention, fort de ces connaissances, nous optons pour le choix d'un indicateur qui permet d'effectuer du calcul à partir de données récoltées.

1. Revue de littérature sur la définition de la performance

Depuis les années 80, de nombreux chercheurs se sont attachés à définir la performance (Bouquin, 1986 ; Bescos *et al.*, 1993 ; Bourguignon, 1995 ; Lebas, 1995 ; Bessire, 1999). De ces définitions on constate qu'il en ressort deux grands aspects, ceux-ci étant :

– soit un résultat ;

– soit le processus menant à ce résultat.

A) La performance comme étant un résultat

Plusieurs auteurs ont mis en avant le fait que la performance peut être un résultat ayant ou pas un caractère exceptionnel. Bouquin (1986) s'exprimera dans ce sens en disant que « *la mesure des performances est [...] entendue comme l'évaluation ex-post des résultats obtenus* ».

Durant les années 1990, Bourguignon mettra en avant les difficultés de la traduction du terme « *performance* » entre le français et l'anglais. Sa définition française porte l'accent sur le résultat d'une action, voire le succès ou l'exploit. Contrairement à son sens français, la performance en anglais est relative au contenu : « *contient à la fois l'action, son résultat et éventuellement son exceptionnel succès* » (Bourguignon, 1995).

Ainsi, Bourguignon (2000) finira par définir la performance « *comme la réalisation des objectifs organisationnels, quelles que soient la nature et la variété de ces objectifs* ». Cette réalisation peut se comprendre au sens strict (résultat, aboutissement) ou au sens large du processus qui mène au résultat (action).

Marion *et al.* (2012) signalent que dans l'univers de l'entreprise, la performance peut être définie comme : « le résultat d'une action » (Bouquin, 2004).

B) La performance comme un processus

La performance passe par l'activité. Elle s'apparente parfois non à un résultat mais au procédé pour y parvenir (Baird, 1986). Ceci explique aussi pourquoi la performance devient significative à mesure qu'elle est répétée (Houda-Zian, 2013), car si le résultat est exceptionnel sans que l'on sache le répéter, c'est qu'il y a un manque de maîtrise du procédé et donc, que ce résultat est en partie issu de la chance.

Ainsi, si la performance est un procédé, elle doit être toujours attachée à la notion de responsabilité. Celui qui est responsable est celui qui peut ou doit agir sur les paramètres de la performance et doit rendre des comptes sur sa performance et sur l'utilisation des moyens mis sous son autorité (Houda-Zian, 2013). Sachant cela, il sera important de mettre en place des indicateurs pour manifester cette performance. Certains vont jusqu'à dire que la performance n'existe que si on peut la mesurer, c'est-à-dire qu'on peut la décrire par un ensemble ou un vecteur de mesures (ou d'indicateurs) plus ou moins complexes (Houda-Zian, 2013).

C) La performance en entreprise

Si la performance semble se séparer en deux grandes parties, dans les entreprises c'est aussi le cas. Alors, il devient important de calculer la performance le long du processus et le résultat final. Pour Machesnay (1991), la performance de l'entreprise définit l'état d'avancement vers l'objectif. Il n'est donc pas surprenant que la performance soit associée à la notion de stratégie, notamment selon Capron et Quairel (2005) pour évaluer la mise en œuvre par l'entreprise des stratégies annoncées de développement durable.

En parallèle à ces définitions sur la forme que revêt la performance, les auteurs se sont attachés à définir les critères et les indicateurs de performance dans l'entreprise. Celle-ci est souvent assimilée exclusivement à la performance financière. D'autres auteurs ont montré la pertinence de tenir compte d'indicateurs non financiers afin de définir la performance (Bouquin, 1994) (Chiapello et Delmond, 1994) (Hopwood, 1973 ; Anthony *et al.*, 1984 ; Merchant, 1985).

SALGADO (2013) parviendra à la conclusion suivante : « *la performance devient un concept multidimensionnel qui intègre différentes dimensions pour la définir et différents indicateurs de mesure* ». De même, la performance reste une affaire de perception. Celle-ci diffère pour tous les acteurs. D'où, fort de ces aspects, nous pourrions voir l'évolution de la vision de cette notion et aborder les difficultés liées à l'évaluation de celle-ci.

2. L'évaluation de la performance

L'évaluation de la performance reste un enjeu complexe pour les entreprises. En effet, s'il est couramment admis qu'il n'y a pas de performance sans mesure, la question est : « Que devons-nous mesurer ? ». C'est le principal point qui nourrit la littérature sur la performance managériale, le choix des critères et des indicateurs de performance. Ceux-ci semblent évoluer en lien avec l'évolution de la vision de la performance attendue des entreprises.

A) L'évolution de la vision de la performance

Saulquin J., Schier G (2007) mettent en avant trois facettes de la performance qui ont évolué avec le temps.

- La performance financière qui se transforme en performance organisationnelle ;
- La performance objective à la performance en tant que construit social subjectif ;
- La performance outil de mesure à la performance outil de management.

La première facette évoque que la performance a été longtemps axée sur les résultats financiers, ceci notamment à cause du système d'actionnariat. Progressivement, on a vu apparaître des critères conduisant à une vision très large du procédé permettant d'atteindre des objectifs.

La seconde facette est comme à l'image des deux grands types de définitions de la performance vues précédemment. La performance a été perçue comme un résultat, quelque chose de précis et assez objectif. Présentement, cette notion de procédé dans la performance managériale a largement pris le dessus et amène à se rendre compte qu'il y a une nécessité d'adaptation des procédés aux particularités de la structure. La performance est vue comme un construit social subjectif.

La troisième facette reprend l'idée que l'évaluation de la performance est le résultat à atteindre sans chercher à donner d'autres informations. L'évaluation de la performance au travers d'indicateurs intermédiaires permet de déterminer des axes stratégiques ou des actions à mener.

B) L'évaluation de la performance

Après avoir donc vu les définitions de la performance, et mis en avant les caractères subjectifs et les évolutions de celle-ci, nous allons nous attarder sur l'évaluation de celle-ci.

En réalité, il serait plus correct de dire l'évaluation d'une performance, sachant qu'elle dépendra de nombreux critères externes comme internes. Ceux-ci répondent généralement au triptyque efficacité, efficience, attentes rationnelles.

Concernant la performance de l'entreprise Marion *et al.* (2012) parleront de 4 critères : Efficacité, efficience, cohérence et pertinence.

– L'efficacité représente l'aptitude à atteindre les objectifs (Ecosip, Cohendet *et al.*, 1995).

– L'efficience représente le lien entre le résultat obtenu et les moyens mis à disposition.

– La cohérence qui représente la qualité des interactions au sein de l'organisation.

– La pertinence qui permet d'évaluer la performance stratégique, tenant compte des interactions avec les facteurs externes (comme le marché).

Levy-Tadjine et Paturel (2006) distinguent trois mesures de la performance : l'efficacité, l'efficience et l'effectivité. On constate ici la disparition de la pertinence et de la cohérence au profit de l'effectivité.

L'Effectivité dont ils parlent c'est la capacité à satisfaire les parties prenantes internes et externes. Ce modèle complète le modèle des 3 E (Paturel, 2005).

Il semble intéressant de parler plutôt de l'effectivité de concentrer que de l'aspect d'effectivité, ou de pertinence au travers de l'expression « attentes rationnelles ». Car, en effet, la performance dépendra à divers niveaux d'attente en interne comme en externe :

– Interne : les actionnaires, les salariés, les dirigeants, etc.

– Externe : les fournisseurs, les clients, d'autres partenaires (une collectivité régionale comme exemple).

Mais cette expression permet aussi en externe de tenir compte du caractère circonstanciel de la performance, dû notamment à l'environnement (économique, politique, géographique, etc.) ou à un état de la structure (maladie, état de crise émotionnel, etc.). L'expression « *attentes rationnelles* » permet donc de :

– Tenir compte du caractère subjectif de la performance décrit qui est traduit dans le terme effectivité.

– Inclure aussi les attentes stratégiques et donc l'aptitude à répondre à celles-ci (pertinence).

Par ailleurs, la cohérence est très importante. En considérant celle-ci comme la qualité des interactions dans l'entreprise, il est normal d'admettre que la cohérence s'apparente principalement à la communication dans l'entreprise. Massé (1994) expliquera que tous les efforts visant à améliorer le traitement de l'information ou les communications dans les organisations, représentent un potentiel extraordinaire pour améliorer leur performance. Cela montre par là le lien entre la communication et la performance.

La communication est vue aussi comme un outil et un ensemble de ressources à mettre en œuvre pour l'amélioration de l'efficience et de l'efficacité des activités opérationnelles d'une organisation (Courbon, 1993 ; Reix, 1995). En s'appuyant sur cette dernière citation, on est en droit de considérer que la communication et donc la cohérence peuvent être aussi vues comme étant partie intégrante de l'efficience et l'efficacité dans un souci de simplification.

Ainsi l'évaluation de la performance passe par 3 grands critères :

– L'efficacité qui représente l'aptitude à coordonner des actions permettant d'atteindre l'objectif.

– L'efficience qui représente le lien entre les résultats obtenus et les moyens mis en œuvre en tenant compte de la coordination des différents acteurs.

– Les attentes rationnelles qui représentent l'importance de la définition des objectifs en tenant compte des éléments internes et externes à l'entreprise.

3. L'évaluation de la performance dans les microentreprises et les PME

Sachant que la majorité des entreprises dans les DOM et en France sont des PME, il semble donc important de s'attarder sur les spécificités de celles-ci.

A) Définition de la microentreprise

Que recouvre l'appellation « microentreprise » ?

Selon l'INSEE, la catégorie des petites et moyennes entreprises (PME) est constituée des entreprises qui occupent moins de 250 personnes, et qui ont un chiffre d'affaires annuel inférieur à 50 millions d'euros ou un total de bilan n'excédant pas 43 millions d'euros. La catégorie des microentreprises est constituée des entreprises qui, d'une part, occupent moins de 10 personnes et d'autre part ont un chiffre d'affaires annuel ou un total de bilan n'excédant pas 2 millions d'euros. Les catégories énoncées sont définies par le décret d'application (n° 2008-1354) de l'article 51 de la loi de modernisation de l'économie. Elles ont été harmonisées avec la « Commission Recommendation of May 2003[32] » qui, dans son article 2, décrit les SME (équivalent des PME en français) en y incluant la catégorie des microentreprises donnant l'appellation MSME (Micro, Small and Medium Enterprise) utilisée par l'IFC[33]. Ainsi, l'on observe que la définition des différentes catégories d'entreprises varie selon les pays, comme le met en avant la « Companion Note for the MSME Country Indicators » de l'IFC. D'où, l'on constate qu'on parle de SME aux États-Unis pour les entreprises de moins de 500 employés pour les industries et les autres firmes manufacturières et de moins de 7 millions de dollars de chiffre d'affaires annuel. Au Royaume-Uni[34], pour être une petite entreprise, il faut un bilan inférieur à 2,8 millions de £, moins de 5,6 millions de £ de chiffre d'affaires et moins de 50 employés. Dans d'autres pays comme

[32] Commission Recommendation of 6 May 2003 concerning the definition of micro, small and medium-sized enterprises (Text with EEA relevance) (notified under document number C (2003) 1422), *Official Journal* L 124, 20/05/2003 P. 0036 – 0041.
[33] IFC : International Financial Corporation.
[34] http://www.legislation.gov.uk/ukpga/2006/46/pdfs/ukpga_20060046_en.pdf

l'Argentine[35], les seuils changent selon le domaine d'activités. Nous nous proposons de garder la définition de l'Union européenne qui reste assez proche de celle des États-Unis et qui englobe donc la microentreprise avec les petites et moyennes entreprises. Notre postulat général est que les microentreprises sont des PME particulières et, à ce titre, ce qui s'applique aux PME s'applique aux microentreprises.

B) Les particularités des PME influant sur la performance des microentreprises.

La performance des PME est depuis une vingtaine d'années l'objet de nombreuses recherches. Nous pouvons donc voir l'état de l'art en classant les auteurs qui ont plutôt cherché à expliquer l'efficacité et l'efficience des PME, puis les auteurs ayant travaillé sur les attentes (Effectivité, Cohérence).

1) Efficacité et Efficience

Parmi les travaux sur les facteurs influençant la performance des PME, l'on retrouve plusieurs auteurs ayant écrit sur les processus de décisions dans les TPE ou dans les PME (Holmes et Nicholls, 1988 ; McMahon et Holmes, 1991). Selon une enquête citée par Duchéneaut (1997), plus de 70 % des dirigeants de PME préfèrent l'intuition à la prévision et la considèrent comme très importante dans la prise de décision.

Ensuite, l'on retrouve une littérature importante sur le dirigeant. En effet, Marchesnay (1990) en écrivant que *« le chef d'entreprise étant à la fois compositeur, chef d'orchestre et parfois, exécutant »*, il met en avant (Marchesnay, 1995) le rôle déterminant du chef d'entreprise et la non-différenciation des tâches dans la PME. Ainsi, il a été démontré qu'il influence les modes de gestion de son entreprise (Fallery, 1983 ; Marchesnay, 1992), et son rôle se décompose en plusieurs aspects (Duchatel 2015) :

- Porteur d'une vision stratégique (Martinet, 2002) ;
- Contrôleur (Ginglinger, 2002) ;
- Pourvoyeur de ressources financières (Albouy, 2002) ;
- Apporteur de ressources cognitives (Charreaux, 2002) ;
- Garant de la responsabilité sociale (Pérez, 2002).

---

[35] http://www.trabajo.gob.ar/left/estadisticas/descargas/oede/nota_Metodologica.pdf Dinámica del empleo Nota Metodologica y rotación de empresas

Ceci est un double facteur de vulnérabilité puisque selon Megginson *et al.* (2003), il arrive souvent que les chefs d'entreprise se lancent parce qu'ils détiennent une compétence spécifique mais n'ont pas toujours les compétences managériales. Jennings et Beaver (1997) ont même prouvé que la raison principale des faibles performances des petites entreprises est le manque d'attention des décideurs sur les points stratégiques (Beal et Gava, 1996). De plus selon Williamson (1981), une entreprise dotée d'un capital-savoir important a plus de probabilités d'innover et, par conséquent, plus d'opportunités de croissance. Cette théorie reprise par D. Saty-Kouame (2012) peut nous laisser comprendre donc que la faible quantité de personnel est un risque de perte de performance puisqu'elle limite le capital-savoir de l'entreprise.

2) Attentes rationnelles (Cohérence et Effectivité)

Tout d'abord, une des principales forces de la microentreprise et de la PME semble être sa simplicité qui va faciliter la coordination entre les individus. S'il est vrai que le dirigeant va souvent utiliser un commandement direct pour donner des instructions générales, une large place est laissée dans l'organisation à l'ajustement mutuel qui est naturellement utilisé dans les structures simples (Mintzberg, 1996). L'ajustement mutuel va privilégier une communication informelle entre les opérateurs pour coordonner leur travail (Mintzberg, 1996) ; du coup, une bonne partie des relations efficaces au scin des organisations sont de nature informelle (Koenig, 1997).

Par ailleurs, le système d'information du dirigeant est souvent limité et peu formalisé (Fallery, 1983 ; Saporta, 1986). Généralement, il se contente des données légales obligatoires (Holmes et Nicholls, 1988). Ceci tend à s'expliquer par le fait que les schémas de décision du chef d'entreprise se fondent largement sur l'intuition (Duchéneaut, 1996), le jugement, l'expérience et sur des logiques qui ne requièrent apparemment pas la mise en place de systèmes d'information formels très développés (Dupuy, 1987).

C) La vulnérabilité des PME

Il est couramment admis que les microentreprises et les PME sont fragiles et donc vulnérables. Ceci se vérifie en France au travers du taux de liquidation qui décroît nettement en fonction de la classe de taille des entreprises.

Nous rappelons que la défaillance est un évènement juridique qui fait suite à une procédure de redressement judiciaire ou à un jugement de liquidation immédiat. Sur une dizaine d'années, plus l'entreprise est petite plus sa défaillance risque d'être fatale. Ceci reste d'autant plus vrai à mesure que des années passent.

Les PME selon *Le Figaro*[36], enregistrent les dégradations les plus fortes. Les 2/3 des jugements des tribunaux ont porté sur des liquidations judiciaires directes. Si ce ratio est relativement constant, il tend toutefois à augmenter légèrement ces dernières années. Il a été porté de 65 % en 2005 à 66 % en 2007 et 67 % en 2008. Les entreprises les plus jeunes sont les plus vulnérables. Plus d'une défaillance sur deux (57 %) concerne une entreprise de 0 à 5 ans. Pour autant, l'ancienneté de la société n'en garantit pas sa pérennité.

Cluzel (2012) expliqua aussi que la vulnérabilité prend trois formes :

– La première associée à l'entreprise provient de ses biens matériels ;
– La deuxième retenue pour l'organisation provient des groupes de personnes qui la composent ;
– La troisième est relative à sa gestion et à son organisation.

Sachant que les entreprises sont limitées en termes de chiffre d'affaires et de bilan en France, cela limite donc leur capacité à répondre à un événement négatif de manière financière. De plus, l'attractivité des microentreprises et des PME est souvent moindre ce qui réduit la facilité à recruter. En France, l'APEC[37] (2016) dira que les PME souffrent d'être mal connues. *Le Figaro*[38] a même titré « *Les TPE-PME peinent à attirer des candidats* ». Cet effet marque le manque de visibilité et donc d'attractivité qui réduit la capacité à rebondir en cas de défaillance du personnel.

---

[36] http://www.lefigaro.fr/assets/pdf/altares.pdf

[37] https://presse.apec.fr/files/live/mounts/media/fichiers/AttractiviteemploiPMEJD.pdf

[38] http://www.lefigaro.fr/emploi/2014/02/09/09005-20140209ARTFIG00029-les-tpe-pme-peinent-a-attirer-des-candidats.php

Pour terminer, nous retiendrons que, sachant que les TPE et PME ont une organisation très informelle et très dépendante du chef d'entreprise[39], on peut donc voir une vulnérabilité accrue en cas d'événement négatif. En s'appuyant sur la définition de l'état de vulnérabilité comme la matérialisation de la susceptibilité à la perte, la perception de risque, la menace à une valeur, activent tout le processus produisant des valeurs actives (Tanzi et Delmer, 2006). On peut donc dire que les microentreprises et les PME au vu des définitions actuelles sont vulnérables. Ceci explique donc en partie leur forte mortalité.

4. L'évaluation de la performance dans les microentreprises des Antilles françaises

Les Antilles françaises sont des îles de la Caraïbe faisant géographiquement partie du continent américain. La Caraïbe est un espace très hétéroclite tant en termes d'économie, de ressources, de démographie, et de développement social. Si la région connait globalement un point commun au travers de son passé colonial, celui-ci a aussi amené certaines barrières, culturelles et/ou linguistiques. Cela engendre une forme d'isolement plus fort dans les îles et un fort attachement pour certaines à leurs anciennes métropoles. C'est pourquoi nous nous proposons d'analyser le tissu économique guadeloupéen qui est soumis à des particularités que n'ont pas les autres régions françaises, ni même leurs voisins de la Caraïbe.

A) Le tissu économique des Antilles françaises

La petite dimension de certains pays, leur manque d'ouverture vers l'extérieur et la diversité des langues, constituent en effet des handicaps, qui ne sont cependant pas insurmontables selon Roselé Chim (2003). Ernatus (2009) explique d'ailleurs que même dans de telles économies insulaires, avec des PME/PMI, le marché peut être oligopolistique, voire monopolistique. Il s'ensuit une faible diversification de l'offre de

[39] En Annexe 1 : figure sur la perception des risques dans les toutes petites entreprises.

produit et une forte prégnance des activités de services, et que, si la grande taille est reliée positivement à la productivité, à l'opposé, les entreprises des pays de petite taille devraient perdre en compétitivité.

On constate donc que le contexte géopolitique des Antilles françaises rend la tâche complexe aux dirigeants d'entreprise. Fort de ce constat, notre attention porte sur la diversité entrepreneuriale de ces deux territoires.

Le volume de microentreprises en Guadeloupe est de 95,4 %. Concernant la Martinique, il atteint 94 %. Sachant que selon Ernatus (2009), il n'y aurait en Martinique et en Guadeloupe que de petites et moyennes entreprises, nous pouvons déterminer que toutes les entreprises qui ne sont pas des microentreprises sont des PME : soit 6 % en Martinique et 4,6 % en Guadeloupe.

B) Le développement des économies insulaires

Plusieurs auteurs ont montré l'importance de tenir compte du contexte ce qui permet de rationaliser les attentes en termes de performance. Les travaux en référence tels Eraydin et Fingleton, 2006 ; Keeble, 1999 ; Liao et Yu, 2013 ; Simmie et Sennett, 1999 ; Torrès, 2002a mettent en avant l'effet positif des relations locales et globales des entreprises sur leur performance. L'importance de la localisation a été amenée par Marshall (1890, 1919), suivie de Hotelling, 1929 ; Isard, 1949 ; Simon, 1955 ; Arauzo, Carod *et al.*, 2009 ; Colletis, 2008. Ces approches favorisent notre description du contexte économique de ces deux territoires.

En s'inspirant de Dimou & Shaffar (2014), trois grandes catégories de contraintes au développement des pays concernés apparaissent :

– La petite taille limite le marché et les ressources et donc la possibilité de rendement d'échelle ;

– La distance accentue l'isolement vis-à-vis des principaux marchés économiques mondiaux et amène vers une forte dépendance vis-à-vis des transports ;

– La topographie et le climat les soumettent à la plupart des risques majeurs. Ce sont des désavantages comparatifs de développement.

Ces trois séries de contraintes, communes à tous les espaces insulaires, sont à l'origine de leur grande vulnérabilité face aux chocs exogènes extérieurs et réduisent l'éventail des stratégies de croissance économique dont ils disposent (Dimou & Shaffar, 2014).

En Guadeloupe, la vulnérabilité constatée selon les méthodes d'évaluation proposées par Briguglio[40], serait due à son insularité mais aussi à son contexte périphérique que partage aussi la Martinique. En effet, cette vulnérabilité n'est pas uniquement naturelle mais aussi due à la recherche des standards européens. Par ailleurs, il a été prouvé que les PEID[41] sont globalement plus vulnérables sur le plan économique (Garabedian et Hoarau, 2011) selon un indice de vulnérabilité. Il apparaît que la petite taille, principale source de la plus grande vulnérabilité économique des pays insulaires, peut aussi être le vecteur d'avantages comparatifs capables de contrebalancer cette fragilité originelle. Celle-ci favorise en effet la cohésion sociale, facilite la mise en place de politiques éducative, sanitaire, écologique et de redistribution, et garantit le fait que les transferts publics profitent réellement aux populations (Bayon, 2007).

Par ailleurs, il est aussi important de souligner que ces DOM sont soumis à la fois donc à une politique européenne, une politique nationale et une politique régionale sachant que les deux premières sont généralement adaptées à un autre environnement. D'ailleurs, conscients de ce fait, l'Europe et l'État français ont au travers de différents statuts créé des outils permettant une adaptation des réglementations régissant ces espaces. L'évaluation de l'impact réel de leurs politiques est parfois très opaque à l'image de l'octroi de mer.

C) Les résultats des entreprises des Antilles françaises

Afin de pouvoir évaluer la performance des entreprises domiennes, nous nous appuyons sur la définition de la performance pour construire le résultat. En effet, il semble difficile de travailler sur des indicateurs de performance plus précis en maintenant une vision d'ensemble exacte et non estimée rappelant qu'il est important que cette performance soit mesurable.

---

40 Selon l'ouvrage de Nadine Levratto, *Comprendre les économies d'Outre-mer*.

41 Petits espaces insulaires en développement.

Au vu des difficultés et de la surmortalité des entreprises auxquelles ces deux DOM devraient être confrontés, nous estimons que la pérennisation est le premier facteur de performance et nous utilisons une approche financière classique. Les indicateurs choisis sont d'une part l'indicateur de pérennité qui est le taux de survie et d'autre part les indicateurs financiers que sont le chiffre d'affaires et la valeur ajoutée[42] par entreprise.

Malgré les complexités inhérentes à ces territoires, les entreprises en Guadeloupe[43] arrivent approximativement à un même taux de survie que les entreprises de la France métropolitaine. Les entreprises martiniquaises ont même un point de plus vis-à-vis des entreprises de France hexagonale. On peut donc retenir que les entreprises de Guadeloupe et de Martinique sont performantes en termes de pérennité[44].

Le chiffre d'affaires (CA) en moyenne par entreprise est : 7 462 / 1 776 = 4,2 millions d'euros.

La valeur ajoutée (VA) moyenne par entreprise est : 1 667,2/1 776 x 10^6 = 983 789 €.

Le chiffre d'affaires (CA) en moyenne par entreprise est : 8 217,6 / 1588 = 5,17 millions d'euros.

La valeur ajoutée (VA) moyenne par entreprise est : 1 794/1 588 x 10^6 = 1 129 723 €.

Sachant qu'une TPE et une PME ont un plafond en termes de chiffre d'affaires, nous allons considérer que globalement, les entreprises du

42 Définition INSEE : Solde du compte de production. Elle est égale à la valeur de la production diminuée de la consommation intermédiaire.
43 Des résultats complémentaires sont disponibles en annexe 2.
44 Issu de PREMIERS RÉSULTATS n° 43, paru le : 01/05/2009.

département choisi sont performantes en moyenne si la moyenne du chiffre d'affaires de celles-ci atteint ou dépasse les 50 % du taux maximal en chiffre d'affaires.

CA max estimé pour les firmes en Guadeloupe : 2 x 95,4[45] % + 50 x 4,6[46] % = 1,908 + 23 = 24,908

CA max estimé pour les entreprises en Martinique : 2 x 94[47] % + 50 x 6[48] % = 1,88 + 30 = 31,88

Ratio Indicateur CA Martinique : 5,17/31 = 16,7 % (performant si > 50 %)

Ratio Indicateur CA Guadeloupe : 4,2/24,908 = 16,86 % (performant si > 50 %)

On constate donc que la Guadeloupe (16,86) et la Martinique (16,7) sont nettement en dessous des attentes de cet indicateur. Il semblerait donc acceptable de dire que les entreprises de Guadeloupe et de Martinique ne sont pas performantes d'un point de vue financier.

A contrario, en prenant en compte la moyenne de la valeur ajoutée, on constate que la Guadeloupe et la Martinique sont largement supérieures près de 4 fois pour la Martinique et bien plus de 3 fois pour la Guadeloupe. Il semblerait aussi acceptable de dire que les entreprises de Guadeloupe et Martinique sont performantes d'un point de vue financier.

Ceci peut sembler contradictoire, mais il est important d'observer que la performance est une réalité complexe aux multiples dimensions. Ainsi, on voit que cela dépend de la dimension recherchée et des attentes concernant cette dimension.

Conclusion

La performance est une notion qui a fait l'objet de beaucoup de travaux dans de nombreux domaines. En gestion, plusieurs auteurs se sont

[45] Pourcentage estimé de microentreprise en Guadeloupe.
[46] Pourcentage estimé de PME en Guadeloupe.
[47] Pourcentage estimé de microentreprise en Martinique.
[48] Pourcentage estimé de PME en Martinique.

attardés à la définir selon les différents contextes notamment au sein des microentreprises et des PME. Nous avons pu mettre en évidence son évolution dans le temps selon les auteurs et aussi mettre en avant la subjectivité de la performance et son caractère circonstanciel.

Ainsi, sachant que cette notion n'est pas objective, pour évaluer la performance en entreprise, nous avons tout de même identifié trois grands critères indispensables à la création d'indicateur de performance à savoir l'efficacité, l'efficience et les attentes rationnelles.

Dans un souci de mieux comprendre la performance dans les entreprises des Antilles françaises, nous avons mis en avant certaines particularités accentuant la vulnérabilité des entreprises dans ces DFA. Nous avons vu notamment que l'insularité est très limitante pour la croissance des structures au sein des différents marchés mondiaux, et rend les entreprises très dépendantes des structures de transport.

Sachant les problématiques sociales de fort chômage, nous avons choisi un 1er indicateur exprimant la pérennité. Celle-ci reste un défi dans cet environnement complexe, où l'on constate que les deux départements étudiés présentent des chiffres comparables, voire supérieurs pour la Martinique à ceux de la France métropolitaine (Hors Île-de-France). Selon ce premier indicateur, l'on peut donc considérer que les entreprises de ces DOM sont performantes.

Par la suite, nous avons choisi un 2e indicateur donnant un aspect financier, en tenant compte du chiffre d'affaires. Il part du postulat qu'une microentreprise doit maximiser son profit, ainsi on considère l'entreprise performante si elle dépasse la moyenne du maximum de profit possible. On constate donc qu'a contrario, en termes de chiffre d'affaires par rapport au maximum légal actuel, les entreprises des deux DFA[49] restent faibles puisque loin d'atteindre les 50 % requis pour prétendre à la performance jugée par l'indicateur, la Martinique atteint 16,7 % et la Guadeloupe 16,87 %. Cet indicateur tient compte du tissu économique, de la théorie et du droit, mais pas de la réalité du management, et l'objectif d'obtenir la moyenne de la maximisation semble difficilement réalisable à une telle échelle et pose la question du choix des quotas en chiffre d'affaires des microentreprises et des PME puisqu'en 2015 et 2007, les chiffres à l'échelle de la France étaient

[49] Départements français d'Amérique.

encore bien plus bas[50]. Ceci permet de mettre en évidence l'importance du lien entre la performance et les objectifs. Car le choix de cet indicateur pourrait décourager les équipes.

Le 3e indicateur lui aussi est financier, mais plutôt comparatif. En effet, si la performance ne dépend pas des concurrents, il est tout de même intéressant de se jauger en tenant compte de ceux-ci. Ceci permet d'obtenir généralement un objectif atteignable. En utilisant cet indicateur, on constate qu'en effectuant cette comparaison, les entreprises de la Guadeloupe et de la Martinique sont performantes vis-à-vis de celles de la Métropole concernant la valeur ajoutée.

Cette étude a voulu chercher une réponse à l'affirmation du peu de performance des entreprises domiennes. Elle rappelle que la performance est relative et que les conditions des entreprises ne sont pas les mêmes, et ce, d'autant plus pour les DOM à cause de leur insularité. Cette insularité crée une vulnérabilité qu'il est important de prendre en compte dans le cas d'une évaluation de la performance managériale rendant complexe l'évaluation de celle-ci.

De plus, malgré des conditions qui semblent de manière générale désavantageuses pour les DOM, au travers du dernier indicateur, l'on constate que dans une comparaison directe sur la valeur ajoutée, les entreprises domiennes restent performantes.

Pour finir, la quantité de sources d'information pour les petits territoires reste souvent moins importante d'autant plus dans les DOM à cause de leur éloignement. Il est donc souvent plus difficile d'obtenir des informations précises permettant de répondre à la complexité d'un modèle économique pouvant évaluer la performance des entreprises insulaires.

---

[50] Voir annexe 3.

Bibliographie

LEVY-TADJINE T. (2010) « Pour une modélisation pragmatique de la relation d'accompagnement entrepreneurial », L'Entrepreneuriat : Apports de la recherche pour la pratique, avril, Jounieh, Liban.

DUCHATEL E. (2015) « Sensibilité au tissu économique local et performance de l'entreprise », Économies et finances, Université Grenoble Alpes, France.

TANG-TAVE J.-P. (1999) « Pratiques des échanges d'information inter-organisationnels et impacts sur la performance : Le cas de l'EDI », Gestion et Management, Université de la Réunion, France.

CLUSEL S. (2012) « Définition d'une démarche de réduction des vulnérabilités des TPE/PME fondée sur le cycle de vie », Gestion et Management, École nationale supérieure des mines de Paris, France.

BOUAMAMA M. (2015) « Nouveaux défis du système de mesure de la performance : cas des tableaux de bord », Gestion et Management, Université de Bordeaux, France.

SALGADO M. (2013) « La performance : une dimension fondamentale pour l'évaluation des entreprises et des organisations », Hal.

OCDE (2004) « Promouvoir les PME pour œuvrer au développement », *Revue de l'OCDE*, vol. 5, n° 2, p. 37-46, France.

EUROSTAT (2004) « Hausse de l'emploi en Europe dans le secteur des services, en particulier les services à forte intensité de connaissance », Statistiques en bref, octobre, France.

TILMONT D. (1997) « Les choix financiers des PME : un modèle fondé sur les caractéristiques des dirigeants », Finance, Université de la Réunion, France.

COMMISSION RECOMMENDATION (2003) "Recommendation concerning the definition of micro, small and medium-sized enterprises (Text with EEA relevance) (notified under document number C (2003) 1422)", *Official Journal* L 124, 20/05/2003 P. 0036-0041.

ERNATUS H. (2009) « Performance des entreprises dans une petite économie insulaire de la Caraïbe : le cas de la Guadeloupe », Économies et finances, Université Panthéon-Sorbonne – Paris, France.

ROSELÉ CHIM P. (2009) « Les Nouvelles Technologies de l'Information et de la Communication et le développement touristique des territoires », in *Le développement du tourisme de santé de remise en forme et de bien-être*, Édition EPU, Paris, France.

ROSELÉ CHIM P. (2001) « Renouveau économique et nouvelles technologies de l'information et de la communication », Revue *Vie et Sciences Économiques*, n°s 157-158, spécial Nouvelle Économie, Printemps, Paris, France.

IESSOR Z. (2017) « La performance de l'entreprise : un concept complexe aux multiples dimensions », Projectics / Proyéctica / Projectique, vol. 17, n° 2, 2017, p. 93-103.

ZIAN H. (2013) « Contribution à l'étude des tableaux de bord dans l'aide à la décision des PME en quête de performances », thèse doctorat, Université Montesquieu – Bordeaux IV, France.

IEDOM : Rapport annuel d'activité 2016 : Guadeloupe.

IEDOM : Rapport annuel d'activité 2016 : Martinique.

GARABEDIAN S., HOARAU J.-F. (2011) « Un indicateur de développement humain soutenable pour les petits espaces insulaires en développement », *Revue d'Économie Régionale & Urbaine* n° 4, octobre, p. 651-680, France.

DIMOU M., SCHAFFAR A. (2014) « La croissance économique dans les départements français d'outre-mer. Une revue de la littérature », *Revue Tiers Monde* n° 219, mars, p. 159-177.

Mickaël CITA est Docteur en Sciences de gestion de l'Université des Antilles. ATER (Attaché d'Enseignement et de Recherches) au Pôle de Martinique, il conduit ses travaux sur la thématique du management des petites et moyennes entreprises, particulièrement les questions portant sur les achats dans le contexte des petites économies insulaires. Ses publications et ses communications en conférences internationales sont centrées sur la performance des entreprises des Antilles et de la Guyane.

Amazonie

Article

Migration, croissance et développement dans la trajectoire Amérique du Sud : Haïti, Guyane française, Brésil, Chili

Paul ROSELÉ CHIM[51]

Résumé Dans la décennie 2010-2020, la migration dans la trajectoire Haïti-Chili ne passe plus inaperçue. Elle se justifie par la recherche de meilleure perspective en termes de bien-être social et économique en Amérique du Sud. C'est un fait nouveau par rapport aux périodes antérieures marquées par la trajectoire de migration à destination des États-Unis d'Amérique.

Notre étude est centrée sur l'analyse de l'effet de la migration sur la croissance et le développement des pays de l'axe Caraïbe-Amérique latine à partir d'Haïti à destination du Chili en passant par la Guyane française et le Brésil.
Les objectifs qui sont poursuivis sont : la compréhension du phénomène migratoire caraïbo-sud-américain, l'essai de dépassement de l'approche classique, l'examen des pratiques de socialisation dans les pays d'accueil et un examen statistique.
Nous concluons sur les avancées et les limites de nos résultats et nos recommandations.

Abstract In the 2010-2020 decade, migration on the Haïti Chile trajectory is no longer unnoticed. It's justified by the search for a better

[51] *HDR Paris 1 Panthéon-Sorbonne, BETA EMAAD BIO MINEA EA 7485, Université de Guyane, CREDDI-LEAD EA 4541, Université des Antilles.*

perspective on social and economic well-being in South America. This is a new development from earlier periods of the migration trajectory to the United States of America.

Our study focuses on analyzing the effect of migration on growth and development in the Caribbean-Latin American axis countries from Haïti to Chile, French Guiana and Brazil. The objectives pursued are an understanding of the Caribbean-South American migratory phenomenon, an attempt to overcome the traditional approach, a review of socialization practises in host countries and a statistical examination.
We conclude on the progress and limitations of our findings and recommendations.

Introduction

Dans la littérature économique, les auteurs traitent densément de la migration entre les pays en développement et les pays développés. Les dénivellations du développement sont à l'origine de la trajectoire classique de la migration entre les pays à faible croissance et les pays à forte croissance.

Dans le contexte d'une demande croissante de main-d'œuvre satisfaisant les objectifs de développement du pays concerné, la trajectoire de la migration est observable positivement en dépit de sa nature. En outre, dans le cas contraire, les modèles de gestion de la migration soulèvent des problématiques humaines, sociales et politiques qui dérivent de clauses économiques.

Deux orientations interpellent :

– La première est d'intention malthusienne. Elle pousse à une considération négative envers les migrants qui sont vus comme des envahisseurs. De là, la tentation est celle du relèvement des frontières entre les pays et le renvoi des migrants dans leur territoire d'origine.

– La seconde est d'intention intégrative. Elle vise un objectif régulationniste et transformiste. En fait, la reconnaissance formelle de l'impact des activités du pays développé à l'extérieur de ses frontières sur les flux migratoires est de nature à permettre la recomposition et le meilleur rééquilibrage des échanges internationaux dans un contexte de mondialisation, de régionalisation et de globalisation des économies.

D'où, une brèche importante s'ouvre dans le rempart d'autonomie construit autour de la migration, de la croissance et du développement à partir de la migration des originaires d'Haïti vers l'Amérique du Sud, de surcroît le Chili. C'est un phénomène nouveau, inconnu jusqu'à présent.

Dans notre terrain de découvertes, les objectifs qui sont poursuivis à travers notre étude sont les suivants : la compréhension du phénomène migratoire caraïbo-sud-américain, l'approche de la trajectoire de la migration en Amérique et les tentations dans la gestion de celle-ci, l'état de la migration des Haïtiens vers le Chili tant sur le plan qualitatif que quantitatif.

Nous concluons sur l'impact des orientations des politiques migratoires.

1. Prologue sur la migration dans la littérature

La thématique de la migration alimente de manière abondante les travaux de recherche sur l'explication de la croissance et du développement dans les pays. Dans la diversité des approches, il nous incombe de nous en inspirer pour la compréhension de la trajectoire de la migration haïtienne vers le Chili durant la présente période.

Comment définir la migration ?

À bien y regarder, trois paramètres déclenchent la migration : le changement de résidence, le changement d'emploi et le changement dans les relations sociales.

C'est le premier paramètre qui active la migration. Les théories traitent des spécificités de la migration pour expliquer les contextes économiques, sociaux et historiques, d'où une fragmentation du domaine. À cela, nous sommes tenus de distinguer les causes et les effets, et surtout d'avoir des niveaux différenciés d'analyse, à savoir microéconomique, macroéconomique ou méso-économique.

1.1 Origines et causes

Larry Sjaastad (1962) polarise son analyse en la matière sur les coûts et les bénéfices, dont on peut projeter le retour sur investissement. Un individu quitte un lieu de résidence en comparant les coûts et les bénéfices liés à sa décision de partir ailleurs. La migration est un investissement qui augmente la productivité des ressources humaines. Elle a un coût, mais elle rapporte des bénéfices. Qui plus est, les coûts sont à la fois monétaires et non monétaires.

En fait, lorsque l'on regarde de plus près, le migrant envisage d'acquérir des connaissances nouvelles, de s'ouvrir vers l'extérieur de son lieu de départ, de se former et d'acquérir de l'expérience. En ce sens, nous retrouvons le concept de capital humain de Shultz, car les éléments dont nous faisons référence sont des investissements. Cette approche est objective dans un cadre de migration volontaire où la dynamique de marché active la concurrence et la répartition optimale des ressources.

Si l'on part du postulat que la migration s'effectue à partir d'un calcul individuel, des facteurs d'attraction et des facteurs de répulsion seront déterminants dans la constitution du volume migratoire, d'où les trajectoires. En référence au modèle de LEE (1966), l'introduction du concept d'opportunités intermédiaires entre le lieu de départ et le lieu d'arrivée met en évidence des caractéristiques objectives mais aussi subjectives comme éléments déclencheurs de la migration. Les contacts personnels et l'information participent à la constitution des réseaux.

Les disparités économiques entre les régions du monde et les écarts technologiques motivent les déplacements humains, car les obstacles en termes de communication ou de moyens de transport jouent à la faveur des spécialisations en qualifications différenciées du travail, d'où les segmentations. De même, l'accroissement des migrations s'explique par les migrations elles-mêmes, car chaque vague qui précède surmonte des obstacles et rend les trajectoires plus accessibles pour les vagues suivantes. Dans cette approche, Massey (1990) développe la notion de causalité cumulative.

Le modèle de LEE attire l'attention doublement. D'une part, c'est un cadre conceptuel où des facteurs divers expliquent la migration. D'autre part, les facteurs micro-individuels sont privilégiés aux facteurs macro-individuels.

Ainsi, dans une économie de marché concurrentielle, ce sont les choix individuels qui prépondèrent. Et donc, les théories développées sur la migration par Todaro (1969), Harris et Todaro (1970), Borjas (1989), sont ancrées dans la théorie microéconomique. Le revenu attendu motive l'individu au départ.

On pourra se rappeler la théorie de la modernisation qui prend en compte la migration sous l'angle de la mobilité en se basant sur l'approche de la transition démographique (ZELINSKI) (1970). Cependant, dépassée et moins significative, la perspective évolutionniste ne cadre pas aisément avec les diverses phases de la mondialisation des pays.

Le positionnement global explique aussi la migration. Il consiste à observer les effets des flux de biens, de services et de communication en se polarisant sur leur circulation entre les lieux de départ et les lieux d'arrivée. Dans une approche systémique, l'analyse consiste à identifier tous les facteurs de l'environnement économique, social, culturel, technologique, écologique et politique, qui motivent les mouvements migratoires. Dans ce schéma, l'information et la communication sont déterminantes, car elles permettent la constitution de réseaux sociaux et familiaux organisés. Ces derniers s'intègrent à la mondialisation.

Le systémisme ne facilite pas l'identification et l'opérationnalité des facteurs à cause du fait que ceux-ci sont nombreux. Cependant, ce positionnement rend plus objective une analyse de la migration dans le contexte international ou de la mondialisation, parce qu'il permet d'envisager le marché du travail dans la globalisation.

1.2 Effets positifs sur le développement des territoires

En se référant à LEWIS (1954), RANIS et FEI (1961), TODARO (1969), HARRIS et TODARO (1970), force est de déduire que le différentiel de gain qui existe entre deux territoires alimente de manière continue le fait migratoire et construit un système de transfert de fonds avec des effets positifs sur le développement. Les travaux des économistes de la migration du travail comme STARK (1991), STARK et BLOOM (1985), TAYLOR (1999) interpellent sur la diversité des caractéristiques liées à la migration que les motifs de décision individuelle soulignés par les auteurs classiques, tels ceux énoncés au début, ne prennent pas en compte.

De même, ceux de ROSELÉ CHIM (1999) (2007) ont porté sur le lien entre la migration et le secteur informel, et les différents comportements et calculs monétaires et de change dans le modèle de substitution. Au gré des variations de taux de change, les migrants effectuent le changement de la composition de leur patrimoine.

En fait, la décision de migration peut être une décision collective pour répondre aux situations les plus précaires sur le plan économique et financier, mais aussi au contexte environnemental et écologique. Les relations des migrants avec leur territoire d'origine sont fondamentales dans l'analyse des moyens financiers pour lutter contre la pauvreté et s'adapter au changement climatique.

Les travaux de TAYLOR et ROZELLE (2003) sur la productivité agricole en Chine ont montré l'effet positif des transferts de fonds provenant des émigrés. Les mêmes observations sont relevées dans les écrits de KUHN et STILLMAN (2004) sur l'éducation et la santé dans les territoires de sous-développement en Russie. Au Mexique, 100 dollars en provenance des États-Unis entrainent une croissance de 178 dollars du revenu total d'un village fortement sensible à la migration.

Cependant, l'effet positif déduit à partir des transferts de fonds des migrants peut être contrebalancé par la propension au délaissement des activités productives des territoires au profit de la migration. La conjonction entre la forte dépendance à l'égard des fonds des migrants et la faiblesse des activités productives, même si les conditions climatiques et environnementales sont favorables, peut faire apparaître un syndrome que l'on pourrait qualifier d'une sorte de mal du migrant[52].

2. Les trajectoires de la migration en Amérique et les tentations de gestion

On pourra faire observer qu'en Amérique du Nord, l'approche du traitement de l'immigration est plutôt d'inspiration malthusienne. En considérant qu'il s'agit de politique intérieure, les problèmes de la migration sont abordés dans leur globalité sans opérer de distinction obligatoire et systématique à propos de la main-d'œuvre faiblement qualifiée ou pas.

2.1 La pensée et les actes

L'histoire des États-Unis d'Amérique révèle un doublement de sa population depuis la révolution industrielle de 1750. L'idée selon laquelle il y a un ordre naturel entre les meilleurs et les moins meilleurs est diffusée sous l'impulsion des mesures Trump (2017) et appliquée aux migrants centraméricains. L'approche intégrative est relayée par la religion protestante mettant en valeur l'enrichissement par le travail intensif, tout en s'entachant inconsciemment d'arrière-pensées dérivant du malthusianisme. L'intelligence économique propulsée dans le développement des territoires est aux prises avec une population massive (New York, Miami, Californie, Washington, Texas) nécessitant des innovations en termes de développement d'infrastructures qui résistent aux chocs naturels (ouragans, inondations, tremblement de terre, canicule et incendies de forêt, vagues de froid). Le Soft Power est l'expression de la culture qui

[52] Expression de Paul Roselé Chim pour traduire le fait que les migrants peuvent faire du mal à leur territoire en absence d'efficience productive.

consiste à la recherche permanente de la richesse grâce à une mentalité de compétition, de conquête et d'optimisme dans la vie.

La sacralisation des idées malthusiennes favorise un état d'esprit de lutte contre l'immigration de masse. D'où les migrants re-déploient encore davantage de déterminations contre tout obstacle à une vie meilleure hors de leur frontière d'origine (East Los Angeles, Californie, Laredo (Texas), Hialeah (Floride), Brownsville (Texas), McAllen (Texas)).

La vision de l'intégration est, par ailleurs, une autre pensée. En effet, dans le temps, le fait cumulatif de la migration est transformiste. Les États-Unis livrent un bon exemple à travers l'analyse statistique. En 1940, les migrants d'Amérique latine et de la Caraïbe et leurs descendants recouvraient une population de 1,9 million de personnes. En 1970, elle atteignait 9,6 millions et en 2000, 22,4 millions.

En 2004, les statistiques ethniques américaines mentionnaient 40,7 millions de personnes originaires de l'Amérique latine et la Caraïbe. La projection pour 2020 avoisine 60 millions d'individus.

Ainsi, le transformisme résulte de l'effet intégrationniste par l'accès aux droits et l'apparition de nouvelles cultures dans les territoires. L'Obamacare (2013)[53] et les mesures Trump (2017)[54] reflètent l'intention intégrative d'un côté et l'intention malthusienne de l'autre quant au modèle de gestion du fait cumulatif résultant de la migration.

2.2 Quelques données statistiques

Les divergences d'ordre politique, culturel et les dénivellations économiques et financières entre les pays en développement

[53] Sécurité sociale universelle adaptée aux conditions sociales pour les citoyens américains.

[54] Les mesures *Trump* visent trois objectifs : l'application plus stricte des lois permettant la rétention des migrants illégaux, l'annulation des mesures contre l'expulsion des migrants illégaux et l'élimination des protections temporaires envers les non-citoyens mises en place antérieurement et la réduction des admissions de réfugiés.

d'Amérique centrale et les différents peuples, ont souvent participé à une trajectoire de migration vers les États-Unis. Haïti ne se distingue guère de ce contexte, car confondu avec cet ensemble. Les données statistiques peuvent les rendre visibles.

Tableau 1 : Population d'Amérique latine et Caraïbe présente aux États-Unis

Valeur quantifiée	Total	Mexique	Puerto-Rico	Cuba	Amérique centrale et Caraïbe	Amérique du Sud	Autres
%	100	65,5	8,6	3,7	8,2	6	8
Millions	43,2	28,3	3,7	1,6	3,5	2,6	3,4

Tableau de Paul Roselé Chim d'après US National Statistics 2019

Les données du tableau 1 confortent l'approche de MASSEY (1990) qui développe la notion de causalité cumulative. Une partie importante des territoires d'immigration développe des réseaux et des cultures transformistes. Le taux de chômage n'est pas exhaustif en Amérique centrale. La main-d'œuvre bénéficie plutôt du sous-emploi. Cela corrobore les observations d'Harris et Todaro (1970). La solution est la migration vers les USA qui bénéficie d'une main-d'œuvre bon marché. Les pays concernés s'insèrent dans la dépendance de l'exportation de produits agricoles et de ressources naturelles.

Mais les vagues de migration deviennent trop massives. La tentation de contenir les volumes de migrants inspire les politiques de contrôle. Les données statistiques apportent la confirmation.

Graphique 1 : Contrôle des personnes n'ayant pas les papiers pour séjourner aux États-Unis et renvoyées dans leur territoire d'origine

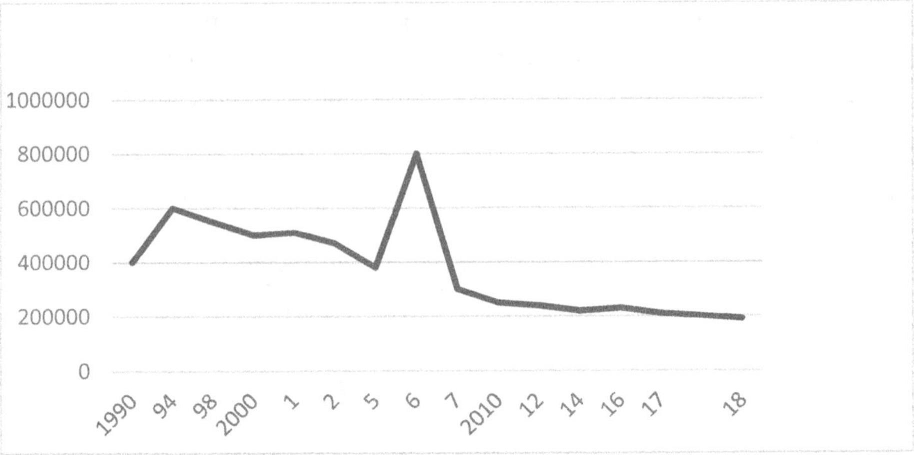

Graphique de Paul Roselé Chim d'après US National Statistics 2019

L'Amérique du Sud, elle, au contraire, est orientée vers la croissance par la stratégie d'offre s'appuyant sur la stabilisation des produits d'importation. La croissance en moyenne de 3 % conduit à un cheminement de convergence et de regroupement supérieur à l'Amérique centrale, en témoignent les expériences du Mercosur. Les termes de l'échange sont meilleurs (4,8 %). Il se produit alors un retournement dans les trajectoires de migration.

3. État des lieux de la migration haïtienne vers le Chili

Les retournements de la migration vers l'Amérique du Sud sont dus à des faits et des événements comme l'instabilité politique, les catastrophes écologiques et surtout le durcissement des mesures de politique d'immigration.

3.1 Les faits et les effets

Depuis les mesures TRUMP (2017) et de l'Union européenne (2016) sur l'immigration, force est d'observer le changement d'orientation de la migration haïtienne. Auparavant, la trajectoire était orientée vers l'Amérique du Nord, c'est-à-dire les États-Unis et le Canada en passant par la République dominicaine. Les territoires d'accueil étaient le Sud-Est et le Nord-Est (Nouvelle-Orléans, Miami, New York, Boston, Montréal). La migration était très faible en direction de Cuba, du Mexique et du Venezuela.

Durant la présente période, la trajectoire a radicalement changé. La migration haïtienne se dirige vers les pays de l'Amérique du Sud. Les territoires sont le Pérou, l'Équateur, la Guyane française, le Brésil, l'Argentine et le Chili. Le fait nouveau est qu'elle est devenue massive vers le Chili. Les raisons tiennent à la stabilité politique et au bon contexte économique qui se traduisent par un taux de croissance significatif et un taux de chômage inférieur à 6 %.

L'économie chilienne présente l'un des meilleurs niveaux de vie de la zone Amérique du Sud. Le Chili attire les migrants. En 2017, 13,1 millions d'étrangers sont entrés au Chili, parmi lesquels l'effectif le plus important était de l'ordre de 3,7 millions d'Argentins. Les motivations migratoires sont le tourisme, les achats de biens électroniques et technologiques compétitifs et le marché du travail très favorable. Il est important de retenir le fait conjoncturel de la crise au Venezuela qui a entrainé une augmentation à 85 % des migrants vénézuéliens passant de 12 166 à 22 454 en 2019. Le PIB du Chili atteint 400 milliards de dollars pour un revenu moyen à 23 000 dollars en parité du pouvoir d'achat.

Graphique 2 : La migration haïtienne vers le Chili

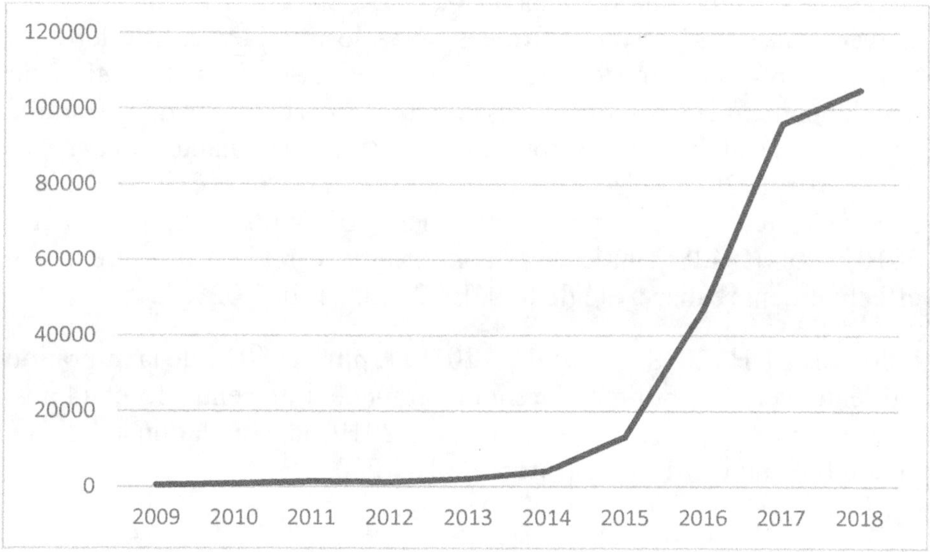

Graphique de Paul Roselé Chim d'après les données du Chilean State National Tourism Service

En 2019, on dénombre au Chili une population de migrants haïtiens de l'ordre de 104 782 soit une croissance de 114 % par rapport à 2016 qui était de l'ordre de 48 783.

Tableau 2 : Données statistiques de la migration haïtienne au Chili avant le tremblement de terre

2008	2009	2010	2011	2012
391	477	820 (2 428)	1 389	1 215

Tableau de Paul Roselé Chim d'après Chilean State National Tourism Service 2019

Tableau 3 : Données statistiques de la migration haïtienne au Chili après le tremblement de terre

2013	2014	2015	2016	2017	2018
2 025 (5 000)	4 087	13 122	46 962	95 891	104 782

Tableau de Paul Roselé Chim d'après Chilean State National Service 2019

En 2008, les migrants haïtiens au Chili étaient quasi inexistants. Les arrivées massives se sont affirmées après le tremblement de terre de 2010 et l'instauration de la force multinationale de stabilisation du développement des Nations Unies conduite dans la région de la Caraïbe par les pays sud-américains dont le Chili est partie prenante. On observe qu'à partir de 2016, le solde entre la migration-arrivée et la migration-retour s'est contrebalancé respectivement pour 4 669 contre 4 307. En 2010, seuls 2 428 Haïtiens avaient migré vers le Chili. Le solde effectivement réalisé a été de 820. En 2013, ce fut 2 025.

Selon l'IPPDH (2018)[55] et l'OIM (2018)[56], plus de 80 % de la migration haïtienne vers le Chili recouvrent une tranche d'âge entre 15 et 44 ans. Elle est principalement masculine. En 2019, la population haïtienne dénombrée au Chili est de l'ordre de 165 000.

---

[55] Institut des politiques publiques sur les droits de l'Homme du Mercosur (IPPDH).
[56] Organisation internationale pour les migrations (OIM).

3.2 La migration-retour volontaire vers Haïti

Comme aux États-Unis et en Union européenne, les mesures de management de l'immigration deviennent progressivement restrictives. Dès lors que les migrants perçoivent les signaux d'un changement de politique migratoire, alors le volume de migration croît de façon significative avant la prise de décision.

Dans le cas du Chili, force est d'observer la montée en volume de la migration haïtienne avant les changements de gouvernement. D'où les plans de migration-retour volontaire[57].

Ce type de programme est établi à des fins humanitaires pour contrecarrer les risques inhérents aux difficultés d'intégration des migrants. En dépit des données contrastées en termes globaux, le solde entre les nouveaux arrivants et les migrants de retour s'inverse. Les raisons explicatives peuvent être déduites des effets volontaires et des effets involontaires :

– Les effets volontaires relèvent d'exigences réglementaires à savoir la capacité du migrant à pouvoir répondre au niveau de vie et séjourner dans le pays d'accueil, quand bien même la loi accorde un visa simple.

– La suspension de lignes des compagnies aériennes par les Autorités de l'aviation civile des pays diminue, voire annule toute possibilité de migration directe. Le migrant est contraint de construire une autre stratégie de parcours migratoire par étapes.

– La régularisation de la situation du migrant et le programme de retour volontaire se différencient comparativement et respectivement en termes de solution de stabilisation du migrant dans le pays d'accueil d'un côté et de limitation de l'arrivée de nouveaux migrants de l'autre.

En effet, les autorités du pays d'origine du migrant peuvent être dans l'impossibilité de délivrer des documents administratifs comme des certificats de bonnes vies et mœurs[58] exigés dans le processus de régularisation.

---

[57] Plan humanitaire du retour organisé (PHRO).

[58] À titre illustratif, pour entrer aux États-Unis, le visa n'est pas suffisant. Avant, le déplacement, l'ESTA est le document de vérification de la qualité de bonnes vies et mœurs donnant l'autorisation à l'acceptation aux États-Unis.

– Si les contrôles sur le marché du travail dans le pays d'accueil se durcissent, autant pour les employeurs que pour les employés, alors les migrants se retrouvent dans l'incapacité de trouver un emploi pour répondre aux problèmes sociaux auxquels ils sont confrontés. La misère et la pauvreté deviennent insoutenables. Elles les poussent à exprimer le besoin de retourner dans leur pays d'origine ou de partir vers une autre destination.

Entre 2014 et 2016, plus de 85 000 Haïtiens ont migré vers le Brésil, le Chili et l'Argentine. Les destinations sont São Paulo et Salvador de Bahia au Brésil, Buenos Aires en Argentine et Santiago du Chili. Le Brésil est le pays qui accueille le plus grand nombre de migrants haïtiens. En 2016, ce fut 67 000 par rapport au Chili 18 000 et l'Argentine 1 200. L'accès aux droits sociaux, c'est-à-dire en termes d'éducation et de santé, est de bon niveau. Au Brésil, ils conduisent plus facilement à l'accès au marché légal du travail.

4. Étude qualitative de la migration haïtienne

Cette étude de cas s'attache à approcher la migration haïtienne de manière qualitative en analysant les critères de choix de migration à partir d'un échantillon de 10 individus. En fait, nous recherchons une divergence et une qualité des points de vue des migrants sur leurs conditions de manière à avoir un éclairage assez fin des traits et des pratiques sociales et culturelles qui forment la trajectoire vers le pays d'accueil.

Pour cela, nos travaux ont été menés sur des données descriptives, telles que les conversations, les échanges écrits ou oraux. L'objectif n'est pas la quantification, même si nous procédons à des analyses statistiques, mais de nous permettre de concevoir une modélisation des comportements migratoires haïtiens vers le Chili. À ce stade, nous pourrions nous permettre de procéder à des interprétations en vérifiant nos hypothèses.

4.1 La construction de l'échantillon

Tableau 4 : Informations relatives aux participants, aux sites de recherche et à l'outil de collecte des données

Échantillon des entretiens								
sexe	âge	Âge d'arrivée dans le territoire étranger	Nombre d'années dans le pays étranger	Situation administrative	Situation professionnelle	Pays et ville de la recherche	Outil de recherche	Durée
F	26	9 ans		Titre de séjour d'un an	Assistante administrative	Cayenne	Entretien	46 minutes
H	25		4 ans	Irrégulière	Mécanicien	Cayenne	Entretien	14 minutes
F	27	4 ans	23 ans	Titre de séjour d'un an	Enseignante du 1er degré	Cayenne	Entretien	50 minutes
H	25				Étudiant	Haïti	Entretien par le réseau social	
F	26	adulte	5 ans	Titre de séjour d'un an	Étudiante	Cayenne	Entretien	51 minutes
H	28	adulte	2 ans	Régulière	Opérateur dans l'agroalimentaire	Brésil	Entretien par le réseau social	25 minutes
F	28	adulte	4 ans	Irrégulière	Coiffeuse à domicile (Informel)	Cayenne	Entretien	18 minutes

H	30	adulte	1 an	Irrégulière	Sans emploi (Inform el)	Cayenne	Entreti en	8 minutes
H	28	adulte	5 ans	Régulière	Serveur	Floride	Entreti en	28 minutes
H	29	adulte	5 mois	Irrégulière	Ouvrier dans l'électro ménager (Inform el)	Chili	Entreti en par le réseau social	17 minutes

Ce tableau synthétise les informations sur les participants aux entretiens et aux enquêtes. Les migrants sont de nationalité haïtienne et représentatifs dans la trajectoire Haïti-Guyane française-Brésil-Chili. En effet, depuis la petite enfance, l'adolescence et l'âge adulte, surtout après 2010, ces individus ont émigré à partir d'un pays de la trajectoire souligné pour arriver au Chili en passant par la Guyane française. Les critères d'âge ont de l'importance, car ils permettent de faire la différence entre ceux qui migrent très jeunes et ceux qui sont adultes ou d'un âge avancé.

4.2 La collecte des données

La technique utilisée est celle de l'enquête par interview. Elle est adaptée à l'objet d'étude et à sa capacité à rendre compte des informations permettant de conceptualiser la trajectoire Haïti-Guyane française-Brésil-Chili. Une entrevue verbale et un rendez-vous ont été réalisés pour que se déroule le meilleur entretien. Ce dernier a porté sur les expériences des interrogés, leur situation et leur perception. La langue a été prise en compte à savoir le français, l'espagnol, le portugais et le créole.

Le matériel utilisé est le téléphone portable, le téléphone fixe avec l'option enregistrement. Cet outil permet de ré-écouter les déclarations des enquêtés afin de valider les informations recherchées. Avec les individus à l'étranger, les informations du réseau social ont été complémentaires.

Dans cette étude de données, nous retenons que les informations recueillies ont été pertinentes dans la mesure où elles ont poussé les interrogés à livrer leur perception sur l'immigration, en l'occurrence celle de la jeune génération depuis l'enfance, en situation de migration non choisie.

4.3 Les résultats et leurs portées

Relativement aux hypothèses du cadre théorique parcouru dans le prologue de la littérature, les raisons migratoires des interrogés de notre échantillon sont de l'ordre suivant :

– La pratique de socialisation des migrants haïtiens est dominée par les Églises chrétiennes. La religion chrétienne est en quelque sorte le lieu de socialisation. C'est le refuge permettant aux migrants de faire face aux difficultés du quotidien. Elle leur donne le sens dans l'existence en révélant les moyens psychologiques et spirituels pour endurer les situations tout au long de la trajectoire. Les milieux religieux chrétiens apportent l'aide économique et sociale sous forme d'éducation, d'alimentation et de santé du pays d'origine, des pays de transition, jusqu'au pays d'arrivée. La foi religieuse prend un nouveau sens pour le migrant. Par leurs réseaux d'échanges et de solidarité, les Églises chrétiennes configurent une fonction exceptionnelle dans la trajectoire migratoire par le maintien du lien entre Haïti et le Chili.

– Les comportements microéconomiques du migrant haïtien dans la trajectoire étudiée révèlent les Églises comme un coût d'opportunité. Les migrants éprouvent d'autant plus d'intérêt pour les Églises en terre étrangère par rapport au pays d'origine. Se rendre à l'église plusieurs fois par semaine répond aux intérêts liés au lien social, aux échanges avec d'autres migrants et des nationaux dans l'éventualité de rencontrer l'opportunité d'un emploi, d'un logement et d'une aide administrative. L'Église en terre étrangère est le lieu par excellence sur le plan économique, social et culturel.

Les Églises chrétiennes privilégient la dimension microéconomique et microsociale. L'adaptation individuelle et familiale est encadrée.

– Les interrogés n'ayant pas l'âge de la majorité ne présentent pas de décision de migration. Les jeunes migrants de Cayenne n'ont pas fait le choix de migrer. Cette décision découle des parents et des membres de la famille résidant à l'étranger. La migration est négative. Cependant, on observe un phénomène cumulatif de migration par vague.

Ceux qui ont pris la décision de migration l'ont fait pour des raisons provenant de la perception du pays de migration, d'un manque de sécurité économique et d'incertitudes sur l'avenir. Les conditions de vie ont poussé les interrogés à quitter Haïti pour la Guyane française, le Brésil et le Chili.

– Les migrants sont originaires de la périphérie des villes haïtiennes frappées par l'insuffisance des infrastructures et des équipements pour la vie quotidienne. Cette migration est de type périphérique vers les régions frontalières. Cette caractéristique a été étudiée dans Roselé Chim (1999) (2007). Elle met en évidence les pratiques informelles qui sont conduites au sein des réseaux de familles dans les pays de la trajectoire étudiée. Une solidarité internationale des réseaux familiaux existe bel et bien. Elle s'impose comme processus obligatoire de migration, peu importe l'âge.

– Le système d'immigration est aux prises avec des effets de transformation sous le poids de la vague d'arrivée des migrants haïtiens, vénézuéliens, colombiens, argentins et péruviens. Les territoires peuvent subir des transformations d'intégration[59]. Ces dernières relient les différents segments de la culture au sens de Zins. C'est un phénomène multiculturel transformiste.

Conclusion

La plupart des pays en développement d'Amérique du Sud sont confrontés à la migration haïtienne qui est un phénomène nouveau par rapport à la migration traditionnelle intra-Amérique du Sud. Le Chili est l'exemple illustratif dont le modèle de migration était adapté aux migrants en provenance du Pérou, de l'Équateur, d'Argentine, de Bolivie, de Colombie et du Venezuela.

La migration haïtienne présente une caractéristique nouvelle qui est celle d'une migration mêlée, c'est-à-dire qu'elle revêt des

[59] Dans nos enquêtes, les interviewés ont souvent souligné des localités chiliennes comme Quilicura, banlieue ouvrière de Santiago ou Estacion central.

caractéristiques économiques, humanitaires, sociales, écologiques et politiques avec un enchevêtrement poussé. Dans les pays d'Amérique du Sud, le management des politiques migratoires est aux prises avec une approche de la segmentation des migrants. Les conventions internationales mettent les gouvernements à l'épreuve face au dilemme entre les migrations économiques, les migrations humanitaires, les migrations sociales, politiques et écologiques, qu'ils ne peuvent résoudre que par des politiques publiques de territoires.

D'où, la migration haïtienne est prise en tenaille entre les pays de la trajectoire étudiée Guyane française-Brésil-Chili.

Cette observation s'applique aussi à la trajectoire Guyane française-Brésil-Colombie-Pérou, comme à celle de la Guyane française-Brésil-Argentine.

C'est un défi régional pour les pays en développement d'Amérique du Sud, car les populations de migrants concernés ne peuvent rester en dehors de leur territoire, surtout dans les situations de chocs écologiques et telluriques. Les pratiques informelles de migration se redéploient.

Annexe

Guide Enquête-Entretien

Thématique	Sous-thématique
Parcours de migration	– Organisation du voyage – Trajet, conditions, durée – Moyens économiques – Relations étrangères – Relations sociales – Liens familiaux
Parcours d'apprentissage et d'acculturation dans la migration	– Niveau d'étude dans le pays d'origine

	– Scolarisation dans le pays d'arrivée – Objectif visé à travers l'étude – Moyens économiques et financiers
Expériences personnelles et professionnelles dans la migration	– Moyens économiques et financiers – Hébergement – Relations sociales – Difficultés administratives – Projet et formation, Comparaison pays d'origine/pays d'arrivée

Données statistiques comparées des pays de la trajectoire Haïti-Guyane française-Brésil-Chili

Indicateurs	Haïti	Guyane française	Brésil	Chili
Population en 2019	11 417 730	296 711	209 288 278	19 107 216
Croissance démographique	1,52 %	3,20 %	0,84 %	1,90 %
Superficie en km^2	27 065	83 846	8 358 140	756 950
Densité démographique en habitants au km^2	421,86	3,54	24,62	25,24

PIB en milliards de dollars US	8,117	4,313	2 055,5	277,076
Croissance du PIB en 2017	1,17 %	1,90	2,4 %	1,50 %
Taux de mortalité pour mille en 2018	39	3,10	6,11	12,30
Taux d'alphabétisation	60,73 % (2015)	96 %	93 %	97,51 % (2015)
IDH	0,498	0,92	0,759	0,843
Visiteurs touristiques	516 000	199 000	6 589 000	6 450 000

Bibliographie

AUDEBERT C., 2012, *La diaspora haïtienne : territoires migratoires et réseaux transnationaux*, Presses universitaires de Rennes, Rennes, France.

CALMONT A., JORES MERAT P. 2015, *Haïti entre permanences et ruptures : une géographie du territoire*, Collection Espace Outre-Mer, Éditions Ibis Rouge, Cayenne, Guyane française.

CALMONT A., 2007, « Trajets socio-identitaires chez les jeunes issus de la migration haïtienne en Guyane », *Cahiers interculturels*, vol. 5, n° 9, 2e semestre, Université de Playa Ancha Vina del Mar, Chili.

GORGEON C., 1985, « Immigration clandestine et bidonvilles en Guyane : les Haïtiens à Cayenne », *Revue européenne de migrations internationales*, vol. 1, n° 1, septembre, Bruxelles, Belgique.

GRANGER S., 2014, « L'Amazonie brésilienne : nouvelle interface migratoire entre les Caraïbes et l'Amérique du Sud » Revue *Mercator*, UFC Fortaleza, vol. 13, n° 1, janvier-avril, Brésil.

HARRIS J., TODARO M., 1970, "Migration, unemployment and development: a two sector analysis", *American Economic Review*, p. 60.

KHUN R., STILLMAN S., 2004, "Understanding inter-household transfer in a transition economy: evidence from Russia", Economic Development and Cultural Change, vol. 53, October.

LEWIS W.A., 1954, "Economic development with unlimited supplies of labour", Economic and Social Studies, Vol. 23, Manchester School, Manchester, England.

MELYON-REINETTE S., 2010, « De la dédiasporisation des jeunes Haïtiens à New York », Revue *Études Caribéennes*, n° 16, Paris, France.

PIANTONI F., 2009, *L'enjeu migratoire en Guyane française*, Édition Ibis Rouge, Collection Espace Outre-Mer, Cayenne, Guyane française.

PICHE V., 2013, « Les théories migratoires contemporaines au prisme des textes fondateurs », Revue *Population*, n° 1, vol. 68, p. 153-178.

RANIS G., FEI J. C. H., 1961, "A theory of Economic Development", *American Economic Review*, vol. 51, pp. 533-565.

ROSELÉ CHIM P., 1997, « Fondements des politiques économiques et stratégie hémisphérique des pays du Bassin Caribéen » in *Stratégies de Développement Comparées dans la Caraïbe*, éd. l'Hermès, Paris.

ROSELÉ CHIM P., 1999, « Migration, informalité transfrontalière et paradoxe de l'intégration entre PVD », *Canadian Journal of Development Studies*, volume 20, n° 1, Ottawa, Canada.

ROSELÉ CHIM P., 2007, « Les déséquilibres de développement par la migration et l'informel en Guyane », in *Pour comprendre la Guyane d'aujourd'hui*, Éditions Ibis Rouge, Cayenne, Guyane.

ROSELÉ CHIM P., 2019, « Migrations, pratiques informelles et intégration transfrontalière dans un contexte de globalisation des économies en développement », *Working Paper*, BETA, MINEA EA 7485, Université de Guyane.

STARK O., BLOOM E. D., 1985, "The new Economics of labor migration", *American Economic Review*, 75 (2), pp. 173-178.

STARK O., 1991, "The migration of labor", Blackwell, Cambridge and Oxford.

TAYLOR J. E., 1999, "The new economics of labor migration and the role of remittances in the migration process", International Migration, 37 (1), pp. 63-88.

TAYLOR J. E, ROZELLE S., 2003, "Migration and income source communities: a new economics of migration perspective from China", Economic Development and Cultural Change, vol. 52, October.

TODARO M. P., 1969, "A model for labor migration and urban unemployment in LDC's", *American Economic Review*, 59 (1).

Paul ROSELÉ CHIM est Professeur des universités, habilité à diriger des recherches de l'Université Paris 1 Panthéon-Sorbonne en Économie de l'entreprise et sciences de gestion, et Docteur en Sciences économiques de l'Université de Paris X-Nanterre.

Ses publications sont nombreuses et variées sur les thématiques du développement, de l'Économie de l'entreprise et des industries culturelles comme l'industrie cinématographique et la télévision. Ces travaux sont publiés dans des Ranking Review: *American Journal of Management, Journal of Applied Business and Economics*, IOSR *Journal of Business and Management* et IOSR *Journal of Economics and Finance*.

Amazonie

Article

Les relations de coopération régionale entre le Brésil et Cuba : une étude sous l'angle du droit interne.

Sophie BRUDEY

Résumé Le droit interne des pays de la Caraïbe insulaire est marqué par l'influence des relations internationales. En effet, dans le cadre de *La coopération entre la République fédérative du Brésil et la République de Cuba (2003-2016),* les acteurs publics et privés brésiliens ont encouragé l'État cubain à porter des modifications sur son droit national. De ce fait, la coopération asymétrique entre le Géant sud-américain et le pays caribéen crée un nouveau paradigme de développement sur le territoire national cubain qui se traduit par l'affaiblissement de l'exercice de la souveraineté nationale. Profitant des opportunités offertes par l'évolution du cadre juridique et économique imposé par les acteurs brésiliens, la société civile cubaine réclame un nouveau contrat social. Au mois de juillet 2021, des revendications populaires pour accéder aux droits de l'Homme et aux libertés fondamentales ont – ouvertement – été réclamées par les Cubains vivant sur leur territoire national.

Abstract The countries of the island Caribbean are marked by the influence of international relations on domestic law. Indeed, within the framework of cooperation between the Federative Republic of Brazil and the Republic of Cuba (2003-2016), Brazilian public and private actors have encouraged Cuban State to make changes to its national law. As a result, the asymmetrical cooperation between the South American Giant and the Caribbean country creates a new development paradigm on the Cuban national territory, which resulting in the weakening of the exercise of national sovereignty of States. Taking advantage of the opportunities offered by the evolution of the legal and economic framework imposed by Brazilian actors, Cuban civil society is claiming a new social contract. In July 2021, aspirations for human rights and fundamental freedoms are – freely – demanded by Cubans living on their national territory.

Introduction

La Caraïbe insulaire est un carrefour impacté par la mondialisation, dont les circuits traditionnels reposent essentiellement sur des échanges asymétriques entre les anciennes colonies caribéennes et les pays du Nord ; à savoir les anciennes métropoles européennes ainsi que les États-Unis d'Amérique. Ce circuit est un héritage de la colonisation.

En conséquence, jusqu'au début du XXIe siècle, les autres pays qui souhaitaient investir dans la zone des Caraïbes avaient une marge de manœuvre très limitée. En effet, les anciennes colonies européennes de la région effectuaient des échanges exclusivement avec leurs anciennes métropoles respectives, et avec les États-Unis d'Amérique qui – conformément à la théorie développée par le Président James Monroe – considéraient que le Bassin des Caraïbes était leur zone d'influence. Dans un tel contexte géopolitique, d'autres pays – à l'exemple de la République fédérative du Brésil – ne s'intéressaient guère à la « chasse-gardée » états-unienne.

En partant de ce postulat, la zone des Caraïbes qui est un espace de rivalités géopolitiques et géoéconomiques en raison de l'accès à ses marchés économiques et à ses ressources naturelles, reste malléable aux influences extérieures, qu'il s'agisse d'interférences instaurées dans le cadre d'une coopération avec les partenaires traditionnelles du Nord, ou de celles allant en se renforçant avec les puissances émergentes du Sud.

Le politiste Éric NABAJOTH, ayant démontré le phénomène susmentionné dans sa thèse doctorale en sciences politiques « Les Caraïbes dans les relations internationales, espaces et perméabilité au changement[60] », exposait que la « zone des Caraïbes est, d'une certaine manière, au centre du processus de déconstruction-reconstruction de l'ordre mondial moderne. » Cette démonstration est d'autant plus vérifiable depuis la crise financière qui a impacté les États-Unis d'Amérique à partir de 2007.

---

[60] NABAJOTH Éric, *in* Michel Louïs MARTIN (dir.), « *Les Caraïbes dans les Relations Internationales : espace et perméabilité aux changements* », Guadeloupe, Université des Antilles et de la Guyane, 2001, p. 5. 341 pages.

La note « Le décrochage de l'aide aux pays pauvres se poursuit à mesure que les gouvernements serrent la vis budgétaire » de la direction de la coopération pour le développement de l'Organisation de coopération et de développement économiques (O.C.D.E.), datant du 3 avril 2013 indique que « les crises financières et les turbulences dans la zone euro ont amené les gouvernements de nombreux pays à appliquer des mesures d'austérité et à amputer les budgets alloués à l'aide. »

Pour compenser le manque à gagner causé par la diminution de l'aide au développement provenant des partenaires politiques et économiques du Nord, les pays caribéens ont renforcé les échanges avec de nouveaux partenaires économiques. C'est ainsi que l'expression « *horror vacui*[61] » attribué à Aristote prend tout son sens quand il s'agit d'expliquer ce changement de paradigme.

En effet, tandis que la crise qui affectait l'économie des partenaires du Nord a provoqué leur fragilité financière, économique, et leur retrait succinct des pays de l'hémisphère Sud, elle a rendu plus aisée l'arrivée des B.R.I.C.S.[62] dans l'espace politique, économique et commercial autrefois exclusivement occupé par des acteurs privés et/ou publics en provenance de l'Union européenne et des États-Unis d'Amérique.

Ronald SANDERS[63] a exposé – dans son article « Export-led growth: Who will lead? Part 2 », les répercussions de la crise économique mondiale sur le marché caribéen, tout en soulignant les conditions géoéconomiques dans lesquelles s'est opérée l'arrivée de nouveaux acteurs non traditionnels du Sud :

"*The stagnation of Caribbean exports to the EU market requires urgent attention particularly as no other area of the world gives the Caribbean equivalent wide access. Immediate attention should also be given to penetrating new markets particularly non-traditional ones which have*

---

[61] Traduction : « La nature a horreur du vide. »

[62] L'acronyme B.R.I.C.S. désigne le groupe des cinq pays émergents suivants : Brésil, Russie, Inde, Chine, Afrique du Sud. En 2001, Goldman Sachs a annoncé que les B.R.I.C.S. seront des marchés économiques régionaux émergents et influents d'ici à 2050.

[63] SANDERS, Ronald, « Export-led growth: Who will lead? Part 2 », in *Caribbean 360*, publié le 28 mars 2013, consulté le 16 avril 2013.

expanded exponentially in recent years. These markets are China, India and Brazil, particularly."

Dans son article « *The EU and the Envolving Shift of Power in Global Governance* »[64], Andrew GAMBLE a mis en exergue le contexte financier et économique découlant de la crise des *subprimes* ayant en grande partie contribué à ébranler un ordre mondial, où l'Union européenne et les États-Unis d'Amérique se partageaient la mainmise sur la production mondiale[65].

Dorénavant, à l'instar des pays du Nord, les puissances émergentes tissent des réseaux politiques et économiques avec les États du Bassin des Caraïbes, dans le cadre d'une coopération de type Sud-Sud. Elle est opérationnelle par le truchement de l'assistance ou de la politique en faveur du développement. Ce schéma illustrant la capacité des relations internationales à influencer les choix de gouvernance d'un État définit le « *soft power* »[66], doctrine théorisée par NYE Joseph S. JR dans les

[64]GAMBLE Andrew, "The EU and the Envolving Shift of Power in Global Governance" *in* Mario Telò et Frederik Ponjaert (Coord), *The EU's Foreign policy – What Kind of Power and Diplomatic Action ?* Angleterre, Ashgate Publishing, 2013, pages 15-26. 266 pages.

[65] "*The world order was transformed by the end of the Cold War, which allowed the US-dominated liberal world order to incorporate most of rest of the world. This unipolar system was short-lived partly because of the ambitions of the EU to make itself a global actor, but mainly because of emergence of rising powers, particularly Brazil, China and India. The financial crash of 2008 and the Eurozone crisis since 2010 underline the growing relative weakness of western states, and accelerated trends towards shifts in power between established and rising power… The financial crash of 2008 not only brought the boom in the Western economy to an end; it signaled the opening of a new era in the international economy, inaugurating a period of economic and political reconstruction The crash did not affect all states equally; its effects were felt most sharply in Europe and North America. The rising powers suffered some effects from the contraction of demand in some of their most important markets, but this at most moderated the pace of their advance. It did not stop it. The dependence of the rising power on western markets was real but not absolute, and the onset of the crisis forced all states to rethink their economic strategies, and what would preserve their economic security and prosperity in the future.*"

[66] Le concept de *soft power* a été théorisé en 1990 par Joseph Samuel NYE Jr. Il s'oppose au concept de *hard power* qui définit l'influence qui s'impose par des actions militaires.

années 1990 en ces termes dans l'article *Public Diplomacy and Soft Power*[67].

« Le *soft power* englobe les sources d'influences et de persuasions qui ne sont pas militaires. À travers le *soft power*, se met en place une politique de séduction et de persuasion reposant sur le partage d'idéologie politique, l'aide au développement, la politique culturelle… »

Le Professeur Joseph S. JR NYE analyse comment lors d'échanges entre deux États souverains[68], le pays dominant arrive à distiller des normes, un héritage socioculturel, son système juridique, sa conception des rapports commerciaux, économiques et politiques au pays dominé via des méthodes de persuasion s'opposant radicalement à celles dont ont recours les puissances militaires.

Ce raisonnement met en évidence que les ambitions émanant de l'acteur dominant prenant part à la coopération asymétrique restent inchangées, qu'il s'agisse d'une coopération de type Nord-Sud, ou d'une coopération de type Sud-Sud. Ainsi, tels que le font les pays du Nord[69] pour asseoir leur hégémonie régionale et mondiale, les B.R.I.C.S. élaborent leur politique d'influence respective selon une stratégie expliquée par Matthias VOM HAU, James SCOTT et David HULME dans l'article « *Beyond the BRICs/ Alternative strategies of influence in the Global Politics of Development* ».

"The fourth mode of international engagement is also regional in orientation. Regional mobilizing focuses on the cultivation of strategic and economic ties with neighbouring countries, whether through multilateral or bilateral trade agreement infrastructural investments or migration policy."[70]

---

[67] NYE, Joseph S., JR "Soft Power and the Public Diplomacy Revisited", in *The Hague Journal of Diplomacy* 14 (avril 2019) : 1-14.

[69] B.R.I.C.S. : Brésil, Russie, Inde, Chine, Afrique du Sud.
[70] VOM HAU Matthias, SCOTT James et HULME David, *European Journal of Development Research* in « Introduction: Beyond the BRICs/ Alternative strategies of influence », in *The Global Politics of Development*, volume 24, numéro 2, avril 2012, pages 187-204.

Ces récentes formes de relations internationales dans les Caraïbes sont le terreau de mutations politiques, économiques, juridiques, et sociales résultant de stratégies conformes à celles qu'y[71] déploie la République fédérative du Brésil pour y renforcer son régionalisme. En témoignent ses relations internationales avec la République de Cuba de 2003 à 2016.

Cet exemple de coopération bilatérale invite à analyser les caractéristiques du régionalisme brésilien dans les Caraïbes.

Par ailleurs, il amorce la réflexion portant sur les enjeux qui en découlent pour le pays communiste puisque s'y opère l'intrusion du libéralisme économique véhiculée par les acteurs privés et publics brésiliens.

La relation asymétrique entre la puissance mondiale et l'État insulaire communiste est un vecteur menant vers :

1) L'émergence du développement économique cubain.

2) Un changement de paradigme pour le droit national de Cuba.

En effet, le contexte économique et géopolitique dans lequel s'inscrivent les relations internationales entre les deux pays permet d'expliquer les sources de l'érosion de la doctrine socialiste-communiste consécutive au développement économique impulsé par les Brésiliens. Il s'avère que depuis la chute du Bloc soviétique en 1989, le système économique cubain implose à cause de l'isolement économique et financier corollaire à l'application extraterritoriale de la loi américaine HELMS-BURTON nommée également « *Cuban Liberty and Democratic Solidarity* » *(LIBERTAD).* L'incapacité par l'État cubain à enrayer sa paupérisation incessante, et l'acceptation du *soft power* brésilien par les autorités cubaines sont les prémisses de la dépendance structurelle de l'État communiste vis-à-vis de la puissance émergente. Le panorama politique et économique dressé ci-dessus est une paire clé-valeur permettant de comprendre pourquoi l'opportunité de développement économique payée par les acteurs brésiliens pour la construction de la zone franche nommée de la « Zone Spéciale de

---

[71] Cet espace maritime est limitrophe au territoire national brésilien puisque le littoral de l'Amapá – État fédéral brésilien – se situe dans le prolongement de la mer des Caraïbes.

Développement Mariel » (Z.S.D.M.) s'est organisée dans des conditions difficilement négociables par les Cubains.

Aussi, l'évolution du droit national de Cuba se donnait comme objectif immédiat d'y introduire, en amont de la construction de la Z.S.D.M., un cadre juridique rassurant pour les investisseurs brésiliens. Puis, elle préparait la puissance publique cubaine à accepter le droit privé des affaires afin de mettre fin à son asphyxie économique.

Par ricochet, les démarches politiques, financières et juridiques accompagnant la construction de la Z.S.D.M., dont le financement de la construction relevait essentiellement de la Banque Nationale de développement économique et social de l'État brésilien, restent le signal du recul des pouvoirs publics cubains au profit de l'arrivée des acteurs publics et des investisseurs brésiliens.

Ils ont provoqué un changement de paradigme à Cuba concomitamment à l'affaiblissement du plein exercice par l'État cubain de sa souveraineté nationale.

1. Le régionalisme brésilien : source de développement et de l'affaiblissement de l'exercice de la souveraineté nationale de l'État cubain

La zone des Caraïbes continue à occuper une place marginale dans la politique extérieure (régionale et internationale) de la République fédérative du Brésil. Le régionalisme brésilien s'est davantage focalisé dans un premier temps sur les pays d'Amérique du Sud. La « Déclaration de Brasilia » qui est le premier accord de coopération signé et ratifié par le Géant sud-américain et la CARICOM ne date que du 26 avril 2010. Le premier groupe d'amitié « Groupe d'amitié Brésil-Caraïbe » du parlementaire brésilien a été formé le 23 mars 2012. Selon Déborah BARROS LEAL FARIA[72], dès 1978, Cleantho de PAIVA LEITE déclarait dans son article *« O Brasil e o Caribe »*, que les sujets

[72] BARROS LEAL FARIA, Déborah, "O Brasil e o CARICOM", in *Revista Brasileira de Política Internacional*, Année 43 – numéro 1, 2000, pages 44 à 68.

d'études traitant des échanges bilatéraux entre la République fédérative du Brésil et les pays de la zone des Caraïbes ont peu été traités. Ce déficit de productions littéraires et scientifiques est le catalyseur de l'action politique brésilienne – peu significative – dans les pays caribéens, jadis[73]. L'ouvrage *Brasil-Cuba : Relações Político-Diplomáticas no Contexto da Guerra Fria (1959-1986)*[74] est l'une des rares publications géopolitiques référencées qui expose les liens liant la République fédérative du Brésil à la Région des Caraïbes. En effectuant une recherche historique portant sur les relations internationales brésiliennes durant la guerre froide, Gustavo Henrique MARQUES BEZERRA a analysé qu'au cours de la guerre froide, la politique étrangère de la République de Cuba a eu des répercussions sur l'orientation politique de la République fédérative du Brésil.

Donc, dans ce contexte international marqué par la division bipolaire du monde entre les États-Unis d'Amérique et l'Union soviétique, la République fédérative du Brésil ne s'est impliquée que dans deux évènements révolutionnaires s'opérant sur le continent américain ; se gardant d'avoir un parti pris. Au cours de ces deux opérations, elle a défendu des positions divergentes.

En 1965, durant l'invasion de la République dominicaine par les États-Unis d'Amérique, au cours de laquelle s'opposaient les partisans de Joaquín BALAGUER aux partisans de Juan BOSH, l'armée brésilienne est intervenue dans le cadre de la force interaméricaine de paix placée sous les auspices de l'Organisation des États Américains (O.E.A.). La force interaméricaine de paix a été formée le 23 mai 1965 et dura jusqu'à la fin de la guerre, le 3 septembre 1965. Elle se composait des États-Unis d'Amérique, du Brésil, du Honduras, du Costa Rica, du Nicaragua, et du Salvador[75].

Tandis qu'en 1965, le Brésil a encouragé l'initiative américaine, en 1983, lors de l'invasion de la Grenade par les États-Unis d'Amérique,

---

[73] Marques Bezerra Gustavo Henrique, Brasil-Cuba : Relações Político-Diplomáticas no Contexto da Guerra Fria (1959-1986), Brasilia, FUNAG, 2010. 184 pages.

[74] Traduction non officielle : « Brésil-Cuba : Relations politiques et diplomatiques dans le cadre de la guerre froide (1959-1986) ».

[75] Au mois de janvier 1962, Joaquín BALAGUER, alors président de la République de Saint-Domingue, avait été démis de ses fonctions à la suite d'un coup d'État soutenu par les États-Unis d'Amérique. Juan BOSH, soutenu par le Parti révolutionnaire dominicain l'avait remplacé.

le gouvernement brésilien s'est positionné contre ce dernier, craignant qu'à l'instar de la configuration précitée, les États-Uniens n'envahissent également le Guyana, pays avec lequel l'État brésilien partage l'une de ses frontières. En effet, il y avait un gouvernement révolutionnaire au Guyana, dont le Président était le dirigeant syndical Forbes BUMHAM[76].

Dix ans après l'analyse développée par Déborah BARROS LEAL FARIAS portant sur la place du Brésil dans le Bassin caribéen, seul l'article 4 du titre 1 de la « Constitution de la République fédérative du Brésil » du 5 octobre 1988 évoque les liens que le pays veut entretenir avec les pays d'Amérique latine. Elle entend y accorder une place plus importante à l'intégration économique, politique, sociale et culturelle. Nous pouvons inclure à cette aire géographique les Caraïbes parce que nombreux sont les pays caribéens à être également latino-américains.

Comme indiqué dans le paragraphe ci-dessus, les relations internationales du Brésil sont encadrées par les principes figurant dans l'article 4 du titre I « Principes fondamentaux » :

« Article 4 – La République fédérative du Brésil se conforme dans ses relations internationales aux principes suivants : I. l'indépendance nationale ; II. La primauté des droits de l'Homme ; III. L'autodétermination des peuples ; IV. La non-intervention ; V. l'égalité entre les États ; VI. La défense de la paix ; VII. La résolution pacifique des conflits ; VIII. Le refus du terrorisme et du racisme ; IX. La coopération entre les peuples pour le progrès de l'humanité ; X. la concession de l'asile politique. Paragraphe unique. La République fédérative du Brésil œuvre pour l'intégration économique, politique, sociale et culturelle des peuples d'Amérique latine ; en vue de la formation d'une communauté latino-américaine des nations. »

---

[76] Sous prétexte que trois étudiants de nationalité américaine, scolarisés à l'Université américaine – située sur le territoire national grenadien – faisaient l'objet de menace, l'armée américaine est intervenue sur l'île de la Grenade pour renverser le gouvernement révolutionnaire populaire en place. Lors de l'invasion de la Grenade, les Américains ont procédé à l'exécution de Maurice BISHOP, alors Premier ministre de la Grenade, *leader* du Parti révolutionnaire populaire, proche des autorités cubaines.

En outre, alors que la « Constitution d'un État s'intéresse à son organisation interne[77] », dans le cas qui concerne l'ordonnancement juridique de l'État brésilien, sa Constitution confère à sa politique extérieure une dimension juridique. En intégrant les principes afférents aux relations internationales au titre consacré aux « Principes fondamentaux », les constituants ont fabriqué la constitutionnalisation des relations internationales brésiliennes. Par syllogisme, la Constitution brésilienne de 1988 est également un instrument juridique au service de ses aspirations d'expansion hégémonique. Vue sous ce prisme juridique et politique, la norme suprême du système juridique brésilien donne une légitimité juridique au *soft power* brésilien.

Parallèlement, par le biais des compétences que lui confère son article 4 du titre I sur les « Principes fondamentaux », la Constitution brésilienne de 1988 ayant une portée hybride (politique et juridique) pose les principes juridiques sur lesquels se base le pouvoir exécutif pour l'exercice de sa politique internationale.

Ainsi, les acteurs de la politique publique du Brésil disposent de prérogatives – canaux via lesquels les valeurs normatives et les règles juridiques peuvent être transférées ou introduites dans l'ordre juridique de chaque instance régionale – pour la mise en œuvre du régionalisme brésilien.

En se référant à la définition proposée par Frederik SÖDERBAUM dans l'encyclopédie *International encyclopedia of political science*[78], le régionalisme repose sur un socle de stratégies, de visions et de valeurs politiques communes :

Regionalism may also be part of a post-Westphalian governance model (that is, transcending the nation-state system) of coexisting regional communities. By comparison with economic and market-led globalization, regionalism is more anchored to territorial domains. By comparison with multilateralism, it is a more exclusive relationship

---

[77] LAGRANGE Evelyne, « Constitution, constitutionnalisation, constitutionnalisme globaux – et la compétence dans tout cela ? », in *Jus politicum. Revue de droit politique*, Dalloz, 2018, La jurisprudence du Conseil constitutionnel et les différentes branches du droit, 20. ⟨hal-01872608⟩, pages 305-331.

[78] SÖDERBAUM, Frederik, « Regionalism », *in* BADIE, B., BERG-SCHLOSSER, D., & MORLINO, L. (2011). *International encyclopedia of political science*. Thousdand Oaks, Calif, SAGE.

based on conscious political strategies, potentially guided by world order values such as multiculturalism and interregional dialogue and cooperation.

La stratégie brésilienne encourageant l'instauration d'une gouvernance à multi-niveaux (national, régional, transnational, ou international.) – afin d'asseoir son hégémonie – est annoncée dans le paragraphe unique de[79] l'article 4 de la Constitution de la République fédérative du Brésil de 1988.

Malgré la constitutionnalisation des relations internationales brésiliennes concrétisée par les constituants en 1988 et la proximité géographique, comment pouvons-nous expliquer ce peu d'intérêt de la République fédérative du Brésil pour le Bassin caribéen qui est un haut lieu géostratégique pour le commerce maritime mondial du fait de la présence du canal de Panama ?

La Constitution de la République fédérale du Brésil de 1988 est un acte fondateur pour la jeune démocratie brésilienne puisque pour la première fois depuis 1960, le peuple brésilien a élu le 15 janvier 1985 – par voie du suffrage universel – son président de la République. L'élection de Tancredo NEVES a marqué un changement de paradigme au Brésil. D'abord, le Géant sud-américain est rentré dans le giron des nouvelles démocraties. Puis, après des années de repli sur soi, une dynamique républicaine en faveur de l'ouverture du pays à l'international s'est enclenchée. Cette préoccupation politique ira jusqu'à figurer dans la nouvelle Constitution. Cette construction constitutionnelle où s'opèrent un rapprochement et une harmonisation entre le droit national brésilien et le droit international public est de plus en plus plébiscitée par de nombreuses jeunes démocraties qui veulent tourner le dos à l'autoritarisme ou à la dictature, et prendre part pleinement à la mondialisation.

Pour appréhender l'analyse portant sur la constitutionnalisation des relations internationales et de la justice internationale de l'ancienne colonie portugaise, il est nécessaire de dresser une analyse comparative

[79] Extrait de l'article 4 de la Constitution de la République fédérative du Brésil : – « Paragraphe unique. La République fédérative du Brésil œuvre pour l'intégration économique, politique, sociale et culturelle des peuples d'Amérique latine ; en vue de la formation d'une communauté latino-américaine des nations. »

entre l'histoire constitutionnelle des pays de la péninsule Ibérique et celle du Brésil. Cette démarche permet de comprendre l'influence normative exercée par les pays européens sur le Géant sud-américain, ainsi que le processus de l'élaboration du néo-constitutionnalisme brésilien.

La Révolution des Œillets du 24 avril 1974 qui a mis fin à quarante-huit ans de dictature militaire au Portugal, et la mort du général espagnol Francisco FRANCO le 20 novembre 1975, sont les deux évènements ayant entraîné un processus transitionnel dans la péninsule Ibérique. En effet, soucieux de tourner le dos aux régimes dictatoriaux de leur État, les régimes parlementaires installés dans les nouvelles démocraties ont procédé à la rédaction de leur Constitution respective. Le 25 avril 1976, le Portugal a approuvé la sienne deux ans après la Révolution des Œillets. Le 30 septembre 1982, elle a été révisée, mettant fin à l'héritage constitutionnel des militaires. Le Conseil de la Révolution qui incarnait l'appareil répressif de l'*Estado Novo*[80] a été remplacé par le Conseil d'État et par le Tribunal constitutionnel.

Selon Eduardo UZIEL, Henrique Moraes CHOER et Flavio Elias RICHE[81], après la victoire aux élections présidentielles de Tancredo NEVES, la constitutionnalisation des branches du droit brésilien a subi l'influence normative issue de la Constitution du Portugal puisqu'au cours des travaux préparatoires en vue de la révision de la Constitution brésilienne en 1988, la « Sous-commission de la Nationalité, de la Souveraineté et des Relations Internationales » de l'État brésilien s'est prononcée en faveur de la place prépondérante des relations internationales brésiliennes dans la Constitution à venir. De ce fait, à l'instar de la voie suivie par les législateurs espagnols en 1978 lors de la révision de la Constitution, les constituants portugais avaient intégré des valeurs onusiennes dans la Constitution portugaise en 1982.

La Constitution brésilienne de 1988 trouve son orientation dans le choix de la Sous-commission susdite. Elle voulait que soient intégrées dans le corpus de la Constitution brésilienne des références faisant écho à la

---

80 Régime conservateur du Portugal, qui a duré de 1933 à 1974, année de la fin de la dictature militaire. Il se faisait le relais de l'idéologie du dictateur Antonio de OLIVEIRA SALAZAR.

81 UZIEL Eduardo, CHOER Henrique Moraes, Flavio Elias RICHE, "Entre direito e política externa – Elementos para a interpretação do Artigo 4° da Constituição", in *Revista de Direito Constitucional e Internacional*, 2017, Volume 99, p. 95-120.

Résolution 2625 (XXV) de l'Assemblée générale des Nations Unies datant du 24 octobre 1970. Par ailleurs, elle souhaitait qu'y soient incorporées des références issues de la Charte de l'Organisation des Nations Unies (ONU), et d'autres qui sont propres à la Charte de l'Organisation des États des Amériques (O.E.A.). Finalement, elle a préféré énumérer les principes démocratiques et universels qui émanent des textes onusiens.

Ainsi, les règles générales du droit international public se sont infiltrées dans la Constitution de la nouvelle démocratie.

En déduction, l'internationalisation de la Constitution brésilienne de 1988 scelle le changement de paradigme de l'État brésilien, car au cours du processus de normalisation qui a abouti à l'évolution du droit brésilien, se sont affermies l'organisation et la gestion des affaires internes du pays, tout en se conformant au droit international. Elle repose désormais sur un système juridique soucieux de la promotion du respect des droits de l'Homme et des libertés fondamentales. Grâce à cette démarche consacrant au sommet de l'ordre juridique interne brésilien les valeurs conformes à la Charte des Nations Unies, le constituant a mis en place les conditions requises pour réintégrer le Brésil dans la communauté internationale.

Aussi, le 22 octobre 2002 – date de la victoire aux élections présidentielles brésiliennes de Luiz Inácio FERREIRA DA SILVA, dit Lula – marque un véritable changement d'orientation dans la politique extérieure de la République fédérative du Brésil. Le parcours politique de Lula – également fondateur et dirigeant du Parti des Travailleurs (P.T.) – a fortement influencé l'orientation qu'il a donnée à la politique étrangère du Brésil dans le Bassin caribéen, à partir de 2003. L'action politique brésilienne dans la région Caraïbe ne se limitant qu'à des échanges ponctuels.

Dans son discours d'investiture, prononcé le 1er janvier 2003, le Président Lula a détaillé les grandes lignes de la politique extérieure de son pays sous sa mandature. Il a annoncé un changement dans la nature des liens que l'État brésilien comptait entretenir avec le reste du monde en le positionnant comme une puissance régionale et mondiale, grâce à l'appui des pays du Sud, dont font partie ceux du Bassin caribéen.

Il s'avère que bien avant la première élection de Lula à la présidence du Brésil, le dirigeant syndicaliste en avait une solide connaissance. La politique internationale du P.T., dont il a été le membre fondateur et le président en 1980, a contribué à développer son appétence pour la région. En effet, les partis de gauche d'Amérique latine et des Caraïbes ont l'habitude de se réunir pour définir des stratégies politiques communes que leurs candidats respectifs projettent de réaliser en cas de victoire lors des élections. C'est ainsi qu'à l'occasion du 1er Forum de São Paulo[82] qui s'est tenu, en 1990, sur le territoire brésilien, plus de quarante-huit organisations, partis de gauche, mouvements populaires et anticapitalistes ont d'une part manifesté leur opposition à la suprématie américaine et européenne, d'autre part ils ont rappelé leur attachement au respect et à la défense de leur souveraineté nationale respective[83].

Les acteurs politiques et syndicalistes brésiliens présents au Forum de São Paulo se sont engagés – par la voix du parti portant leur candidature aux élections – à coordonner des actions politiques nationales ou sub-étatiques conformes aux projets issus de ce forum régional, une fois qu'ils seraient élus[84]. Par exemple, de nombreuses revendications défendues par le candidat Lula lors de diverses campagnes électorales avant sa victoire aux élections pour la présidence de son pays se sont traduites par des initiatives, exécutées du niveau local au niveau international.

Ainsi, l'orientation de la politique publique brésilienne déployée sous la mandature de l'ancien Président avait une portée nationale, régionale et internationale. Le programme national brésilien « Faim Zéro » est un illustre exemple d'une action nationale transposée au niveau international puisqu'il est devenu le deuxième Objectif du développement durable (O.D.D.) fixé par l'Organisation des Nations Unies (ONU). Avant sa nomination en qualité de directeur général de l'Organisation pour l'alimentation et l'agriculture de l'ONU, José GRAZIANO DA SILVA a été nommé par Lula, ministre du

---

[82] Les idées défendues au cours de ce forum se sont relayées dans tous les pays d'Amérique latine et de la Caraïbe, en partie par le biais d'acteurs politiques syndicalistes et de la société civile présents, prônant la formation d'un « nouvel ordre mondial », accordant une marge de manœuvre plus importante aux pays du Sud.

[84] BARAIBAR, Carlos, *El pensamiento de la izquierda latinoamericana – Foro de São Paulo. IX-XVI*, Madrid, Iepala Editorial, 2012, 302 pages.

Développement social et de Lutte contre la faim. Ce dernier a également eu la charge d'orchestrer le programme de politique publique brésilienne *Zero fome* (Faim zéro) qui a aidé 28 millions de Brésiliens à sortir sous le seuil de pauvreté.

Par ailleurs, l'accès à des médicaments reconnu comme un droit humain par divers organismes onusiens en 2001 est – à l'origine – une politique publique brésilienne ; ce qui atteste de son influence à un niveau planétaire. À la Commission des droits de l'Homme, le Brésil a appuyé la résolution « *Acces to Medication in the Context of Pandemics such as HIV/AIDS* ». Dans le cas ici présent, comme le précise Matthew FLYNN dans son article « *Brazilian pharmaceutical diplomacy in the Americas an beyond – Social Democratic. Principles versus Soft Power Interests*[85] », les autorités brésiliennes ont exporté à un niveau onusien une diplomatie pharmaceutique identique à la politique de santé publique déployée sur leur territoire national en amont. Pour rappel, cette décision a été validée grâce à l'ensemble des pays. Seuls les États-Unis se sont abstenus lors du vote car les *lobbies* états-uniens désapprouvaient cette initiative.

Enfin, en 2007, l'État brésilien a proposé la résolution 6/29 « *The right of everyone to the enjoyment of the highest attainable standard of physical and mental health* » qui est passée de manière unanime dans l'instance onusienne. Le programme santé défendu par le gouvernement du Brésil sous la mandature de Lula, et ses efforts diplomatiques pour gagner cette bataille à la Sous-commission des Nations Unies de la protection et de la promotion des droits de l'Homme de la Commission des droits de l'Homme, ainsi qu'à l'Assemblée générale des Nations Unies, attestent également de l'influence du pays sud-américain dans la sphère internationale.

Comme expliqué précédemment, via le *soft power*, le Brésil aspire à se positionner en tête de pont afin de co-construire avec les B.R.I.C.S. un nouvel ordre mondial. S'agissant de son rôle dans la construction du régionalisme latino-américain, il a été le pays d'accueil du premier Sommet de l'Amérique latine, le 16 et 17 décembre 2008 à Salvador de

---

[85] FLYNN, Matthew, « Brazilian Pharmaceutical diplomacy in the Americas an beyond – Social Democratic. Principles versus Soft Power Interests », in *International Journal of Health Services*, 2013, *43*(1), p. 67-89. http://www.jstor.org/stable/45131946

Bahia. Dans la continuité de ses engagements internationaux, il a été un acteur influent lors de la réunion ministérielle du 6 novembre 2009 à Montego Bay dont les axes de travail portaient sur la crise financière internationale, l'énergie, l'infrastructure, le développement social, l'éradication de la pauvreté et de la faim, la sécurité alimentaire et nutritionnelle, le changement climatique, le développement durable et les catastrophes naturelles. Puis, avec les pays d'Amérique latine et de la Caraïbe, il a pris part au Deuxième Sommet CALC[86] du 23 février 2010 à Cancún au cours duquel la « Déclaration de Cancún » a été ratifiée. Après la réunion de travail entre les pays caribéens le 3 juillet 2010 à Caracas, du 25 et 26 octobre 2010, il y a une nouvelle rencontre portant sur les mécanismes régionaux et sous-régionaux d'intégration. Enfin, du 2 au 3 décembre 2011, lors du Troisième Sommet de la CALC à Caracas au Venezuela, la Communauté d'États latino-américains et des Caraïbes (CELAC) a été formée. Par la suite, de cette formation ont émané plusieurs rencontres entre les pays de la Caraïbe et l'Amérique latine. Selon les informations issues de l'article « Les politiques étrangères et de défense du Brésil : un mariage harmonieux » de Hugo LOISEAU[87] :

« Pour le Brésil, la CELAC qu'il a impulsée est le troisième étage de sa montée en puissance ». Le Mercosur créé en 1991 avec l'Argentine, le Paraguay et l'Uruguay, fonde le premier étage et une base solide pour le développement de son rayonnement régional. Le deuxième étage de ce déploiement de puissance se constitue avec l'UNASUR dont le traité constitutif fut signé en mai 2008 à Brasilia. « Et le troisième étage, sur une orbite ébauchée aux sommets de Salvador de Bahia et de Cancún, orbite qu'on tentera de mieux dessiner à Caracas ».

[86] Traduction non officielle de « *Cumbre de América Latina y del Caribe* » : « Sommet de l'Amérique latine et de la Caraïbe ».

[87] LOISEAU, Hugo, « Les politiques étrangères et de défense du Brésil : un mariage harmonieux » in *Chroniques des Amériques*, volumes 18, numéro 1, mai 2013. 13 pages.

2. La coopération asymétrique, une situation favorisant la dépendance structurelle de la République de Cuba

Le régionalisme offre de nouvelles opportunités aux pays émergents en leur donnant accès au marché économique et aux richesses naturelles relevant du territoire national des pays les plus pauvres. Le Brésil, tout comme les autres membres du groupe B.R.I.C.S., signe des accords politiques et économiques avec de nouveaux partenaires du Sud pour renforcer sa politique d'influence régionale et mondiale. L'aide au développement que le Brésil y implémente amplifie son influence dans la gouvernance mondiale. S'organisent en amont des rencontres internationales des réunions programmées par les partenaires régionaux du Sud au cours desquelles un alignement politique peut se conclure par la signature et la ratification, soit de conventions soit de traités régionaux. Il convient de s'interroger sur les particularismes de la coopération asymétrique lorsqu'elle est impulsée dans le cadre d'une coopération de type Sud-Sud. Les méthodes et les effets émanant du *soft power* issu de la coopération de type Nord-Sud diffèrent-ils de ceux déployés dans le cadre de la coopération de type Sud-Sud ? En ne s'attachant qu'aux principes édictés à l'article 2 paragraphe 1 de la Charte des Nations Unies, les relations entre deux ou plusieurs États souverains reposent sur une base égalitaire. Il stipule l'attachement de la communauté internationale au respect de la souveraineté dans la sphère internationale :

« L'Organisation des Nations Unies et ses membres, dans la poursuite des buts énoncés à l'article 1 doivent agir conformément aux principes suivants : 1) L'Organisation est fondée sur le principe de l'égalité souveraine de tous ses membres ».

Bien que caractérisés par une asymétrie abyssale (économique, démographique, politique, géographique), les deux pays étant chacun un sujet de droit international, partagent de ce fait les mêmes valeurs relatives au principe d'égalité des États, si bien que ce principe onusien a une valeur constitutionnelle dans les deux États intéressés.

Tableau 1 : Caractéristiques abyssales caractérisant la République fédérative du Brésil – République de Cuba (Source : Division de la population des Nations Unies)

	Rang (économie mondiale)	Population en 2019	Superficie	IDH	Espérance de vie	NDV ONU
République fédérative du Brésil	9	211,049 millions	8 515 770 km^2	0,765	76,8	1
République de Cuba		11,32 millions	110 000 km^2	0,783	78,7	1

NDV ONU : Nombre de droit de vote à l'ONU

Comme indiqué précédemment, l'article 4 du titre I portant sur les « Principes fondamentaux » de la Constitution brésilienne place l'« indépendance nationale, l'autodétermination des peuples et l'égalité entre les États » dans l'un de ses objectifs suprêmes. De la même manière, la Constitution cubaine datant de février 2019 mentionne dans son Préambule et dans son Chapitre II consacré aux « Relations internationales » que le respect de l'indépendance, ainsi que la souveraineté des peuples et l'autodétermination des peuples sont des valeurs intrinsèques aux relations internationales que l'État cubain développe avec tout État.

Le fondement juridique rappelant l'égalitarisme sur lequel se construisent les relations internationales entre deux sujets de droit est fidèle aux principes de l'article 55 du Chapitre IX portant sur la Coopération économique et sociale internationale de la Charte des Nations Unies. Il rappelle que « … les relations {sont} fondées sur le respect du principe de l'égalité des droits des peuples, et de leur droit à disposer d'eux-mêmes… Il garantit à chaque État le droit de conduire de manière égalitaire, dans la sphère internationale, le plein exercice de sa souveraineté nationale. Par conséquent, tout État jouit d'une totale indépendance quant à la gestion des compétences afférentes à sa souveraineté. »

Théorisée, entre autres, par Raymond CARRÉ de MALBERG[88], la souveraineté est un élément incarnant le pouvoir suprême d'un État. Elle se scinde en deux ramifications : la souveraineté interne et la souveraineté externe. La souveraineté interne ne reconnaît aucune puissance supérieure sur le territoire national. Pour sa part, la souveraineté externe confère une indépendance à tout État vis-à-vis des autres sujets de droit dans les instances internationales. Dans le cadre des relations internationales, exercer pleinement sa souveraineté est un droit dont dispose tout État, aussi bien au niveau interne, qu'au niveau international, néanmoins, il arrive qu'il puisse déléguer certaines compétences. Si nous reprenons le développement du Professeur Alain PELLET :

« "Il est absurde de parler de limitation de souveraineté" et des expressions comme "souveraineté territoriale" ou "économique" ou "culturelle" ou "pénale" peuvent être commodes pour marquer la grande étendue des compétences de l'État dans ces domaines ; toutefois, ce n'est pas de souveraineté qu'il s'agit mais d'un ensemble de compétences dans des domaines particuliers, découlant de la souveraineté. »[89]

Ce principe d'indépendance est également inscrit à l'article 78 de l'ONU. Il garantit la protection de la souveraineté nationale des États les plus pauvres de l'organisation.

Si la souveraineté ne peut être remise en cause, force est de constater que lors de la signature d'accords de coopération asymétrique, les compétences rattachées à la souveraineté nationale des pays les plus pauvres font généralement l'objet de transferts vers les pays développés, confortant ainsi la position dominante des derniers. Cette

---

[88] CARRÉ DE MALBERG, Raymond. *Contribution à la théorie générale de l'État*, Paris, Éditions Dalloz, 2004. 638 Pages.

[89] PELLET, Alain, « Le droit international à la lumière de la pratique : l'introuvable théorie de la réalité. Cours général de droit international public (Volume 414) » in : *Courses of the Hague Academy of International Law*. Consulté le 7 novembre 2021, p. 91. 539 pages.

configuration géopolitique est le terreau de la construction et du renforcement du régionalisme quand les États concernés par la coopération asymétrique se situent dans la même sphère géographique. Délibérément, les premiers consentent à transférer les compétences découlant de leur souveraineté nationale à une puissance tierce, qu'elle soit publique ou privée, néanmoins comme tout État indépendant, ils restent le gardien de leur souveraineté nationale. Donc, dans le cadre de cette stratégie visant à imposer son influence politique, économique et normatif, le *soft power* est « la carotte » tendue aux pays les plus pauvres par les pays émergents.

L'apport doctrinal de Raymond CARRÉ de MALBERG démontre qu'en dépit du respect du principe de la souveraineté et d'égalité entre les États, un État étranger parvient à interférer dans la politique interne et dans la gestion de l'économie d'un autre État, de manière licite parce qu'il y a reçu son consentement. Selon l'auteur :

« Naturellement, ceci ne veut pas dire que l'État souverain ne puisse se trouver tenu d'obligations envers d'autres États : il peut être lié juridiquement envers des États étrangers, comme aussi à l'intérieur envers des particuliers ; seulement il ne pourra l'être qu'en vertu de sa propre et libre volonté, de son consentement, et c'est en tout cela même que consiste sa souveraineté… »

De ce fait, l'article 4 de la Constitution brésilienne de 1988 offre au pays un outil hybride ayant une portée juridique et politique, assurant – via l'exécution de sa politique étrangère – le rayonnement de sa puissance publique vers les pays du Sud. Les alliances politiques naissant de ces échanges internationaux contribuent à la solidification du régionalisme brésilien. Puis, en amont des réunions internationales, la République fédérative du Brésil négocie le concours des États appartenant à leur zone d'influence afin de bénéficier des intérêts et du pouvoir découlant de ce droit de vote. C'est ainsi que par ce mécanisme, l'État brésilien présidé par Lula DA SILVA, puis par Dilma ROUSSEFF a appuyé les positions des pays du Sud. Via ce mode opératoire balisé juridiquement par la Constitution brésilienne de 1988, la stratégie mise en œuvre par les Présidents brésiliens issus du Parti des Travailleurs a permis d'attirer Cuba dans le giron du Brésil afin d'ancrer sa place de puissance économique et diplomatique sur l'échiquier international.

En observant le tableau ci-dessus, au titre de l'article 18-1 de la Charte des Nations Unies consacré au vote – garantissant que « chaque membre de l'Assemblée générale dispose d'une voix » – le Brésil et Cuba disposent d'une participation égalitaire dans les instances internationales. En conséquence, en considérant les particularités de la politique internationale et/ou du régionalisme du Brésil, la compétence suprême de l'État cubain peut faire l'objet de tractation. D'après Ahmed MAHIOU, cette approche du *soft power* instaurée dans le cadre de la coopération de type Sud-Sud, contribue à la consolidation du régionalisme :

– « Les actes concertés au sein d'un organe international, qui peut être une organisation ou une conférence internationale, apparaissent comme les plus nombreux, et les plus caractéristiques de la stratégie des pays du Sud. En effet, étant donné leur faible poids individuel, les pays en développement n'ont pas d'autre choix, pour peser dans les relations internationales, que de faire partie d'un grand nombre d'organisations régionales, continentales, intercontinentales ou universelles au sein desquelles il leur est possible de se concerter pour prendre des positions communes et essayer de les faire prévaloir. Il convient de noter que si les organisations régionales ont joué leur rôle normal d'instance de promotion de la coopération dans chaque aire géographique, les organisations universelles ont été également sollicitées pour jouer le même rôle, ce qui constitue une spécificité de la coopération Sud-Sud. »[90]

S'agissant du cas du régionalisme brésilien, il s'inscrit dans le cadre de l'« hégémonie consensuelle » définie par BURGOS Sean W.

Soucieux de son expansion hégémonique, le Géant sud-américain incorpore dans son espace d'intégration de nouveaux acteurs du Sud avec lesquels il établit des accords politiques qui sont fidèles à la stratégie de développement des pays du Sud. Pour ne citer que sa politique de défense de l'environnement, le pays s'est propulsé comme étant le porte-parole des pays du Sud dans les instances internationales. Il légitime son rôle de protagoniste du fait que la plus grande partie de la forêt amazonienne se situe sur son territoire. L'appui de la puissance

---

[90] AHMED MAHIOU, « Le cadre juridique de la coopération Sud-Sud Quelques expériences ou tentatives d'intégration (Volume 241) », in *Courses of the Hague Academy of International Law.* Consulté le 15 novembre 2021.

mondiale porté aux petits États insulaires a aidé ces derniers à défendre leurs intérêts respectifs. Alors, durant le Sommet de Copenhague en 2009, le Président Lula DA SILVA a proposé aux autres États de la planète la politique environnementale défendue par son pays et par ceux de son hémisphère. Grâce à une stratégie en faveur des pays du Sud, il a négocié des intérêts des pays du Sud, dont ceux de la région Caraïbe sont parties prenantes. Tel que le mentionne Philippe Le PRESTRE[91] :

« Le jeu politique vise à imposer sa propre définition du problème, car celle-ci comporte souvent des solutions en conformité avec des valeurs et intérêts particuliers. Par exemple, face à la question du déboisement, les pays industrialisés du Nord insisteront sur la perte de la biodiversité alors que les pays en développement du Sud souligneront la surexploitation des forêts au-delà des capacités régénératrices ou le développement socioéconomique des populations locales adjacentes… Enfin, la définition du problème entraîne celle des acteurs parties prenantes – responsables, victimes, intervenants légitimes. Elle structure donc la dynamique du jeu politique qui en résultera. »

L'intérêt que la République fédérative du Brésil accorde à la région Caraïbe dans sa politique internationale s'inscrit dans le cadre d'une manœuvre géopolitique récente visant à pénétrer les marchés économiques du Sud et à construire un « nouvel ordre mondial ».

L'État brésilien a entamé une politique de séduction vis-à-vis des pays du Bassin caribéen, dans un premier temps en exprimant son intérêt pour la zone à travers ses interventions dans les instances internationales ; dans un deuxième temps en y développant le *soft power* brésilien en vue de la construction d'un régionalisme conforme à ses aspirations, et à ses ambitions régionales et mondiales. La conquête de nouveaux marchés caribéens préserve les intérêts nationaux brésiliens, parallèlement elle donne une image positive du Géant sud-américain dans les Caraïbes.

D'après ce mode opératoire, les relations internationales entre le Géant sud-américain et le pays communiste sont davantage le résultat d'une démarche géopolitique. Elles visent à renforcer le régionalisme brésilien via la conquête du territoire cubain qui reste isolé à cause de

---

91 LE PRESTRE, Philippe, *Protection de l'environnement et relations internationales – les défis de l'écopolitique mondiale*, Paris, Armand Collin, 2005. 477 pages.

l'embargo américain. La loi américaine HELMS-BURTON, votée et promulguée en 1996 par un congrès majoritairement républicain, a renforcé l'embargo américain. En affaiblissant les activités économiques, commerciales, et financières de la République de Cuba, l'administration américaine cherche à détruire le régime en place depuis 1959, pour mettre en place un gouvernement de transition, élu de manière démocratique. Son article 204 *« Termination of the economic embargo of Cuba » du titre II « Assistance to a free and independante Cuba »* stipule une possible fin de l'embargo américain *sine qua non* à la chute du pouvoir communiste cubain :

« – To seek international sanctions against the Castro government in Cuba, to plan for support of a transition government leading to a democratically elected government in Cuba, and for other purposes. »

Par conséquent, cette loi a une portée extraterritoriale, puisque conformément à l'article 108 « *Reports on commerce with, and assistance to, Cuba from other foreign countries* » du titre II « *Assistance to a free and independent Cuba* », les entreprises liées directement ou indirectement au marché financier et économique américain n'ont pas le droit d'établir d'échanges directs ou indirects avec les citoyens et les autorités cubaines, sous peine de poursuites judiciaires américaines.

Pour atténuer les effets économiques néfastes imposés et induits par l'embargo américain depuis 1962, la coopération de type Sud-Sud relève d'une politique salvatrice pour l'État caribéen puisqu'elle a contribué à déclencher le développement économique d'une partie de l'île de Cuba grâce à l'investissement, récent, provenant des partenaires brésiliens.

C'est dans cette démarche que le 26 septembre 2003, Lula DA SILVA a effectué son premier voyage officiel sur le territoire de la République de Cuba. Lors de ce voyage, une douzaine d'accords de coopération a été signée. Ils concernent le secteur financier, celui du tourisme, de l'éducation, de l'industrie, de la sidérurgie, de l'environnement, de la pêche, de l'agriculture et des accords commerciaux[92]. La Présidente

---

[92] Depuis l'élection de Michel TEMER à la présidence de la République fédérative du Brésil, les échanges entre l'État cubain et l'État brésilien sont moins denses.

brésilienne Dilma ROUSSEFF ayant succédé à Lula DA SILVA, et dont la candidature avait été portée, à l'instar de son prédécesseur, par le Parti des Travailleurs, y a effectué son premier voyage officiel le 1er février 2012. Elle a visité le port de Mariel construit grâce aux investissements brésiliens. Il s'agit d'une zone géostratégique, se trouvant dans le golfe du Mexique, espace riche en hydrocarbure, localisé à environ 150 kilomètres des États-Unis d'Amérique et du Canada.

Par l'intermédiaire de la Banque Nationale de développement du Brésil, la République fédérative du Brésil a investi 802 millions de dollars pour la première tranche des travaux, puis 290 millions de dollars. L'État brésilien et la fondation de l'ancien Président Lula DA SILVA ont soutenu les démarches de prospection de l'entreprise de construction brésilienne « Odebrecht » qui a réalisé – en grande partie – les travaux de construction du port Mariel situé dans la zone spéciale. Il est construit par le consortium regroupant l'entreprise brésilienne Odebrecht et PSA Singapore de Singapour.

La coopération internationale entre la République fédérative du Brésil et la République de Cuba a une finalité respectueuse des engagements internationaux des deux États en matière de coopération économique et sociale. L'article 55 du Chapitre IX de la Charte des Nations Unies demeure l'un des piliers politiques permettant aux pays de la région Caraïbe de se désenclaver. Elle invite les États à œuvrer conjointement « En vue de créer les conditions de stabilité et de bien-être nécessaires pour assurer entre les nations des relations pacifiques et amicales fondées sur le respect du principe de l'égalité des droits des peuples et de leur droit à disposer d'eux-mêmes ». Aussi, comme le dispose ce chapitre, « les Nations Unies favoriseront : a) le relèvement des niveaux de vie, le plein emploi et des conditions de progrès et de développement dans l'ordre économique et social. b) La solution des problèmes internationaux dans les domaines économique, social, de la santé publique et autres problèmes connexes, et la coopération internationale dans les domaines de la culture intellectuelle et de l'éducation. »[93] Par ailleurs, cette coopération s'inscrit dans le cadre politique défini par l'Organisation de Coopération et de Développement Économique

---

Aujourd'hui, les éléments concernant la coopération entre les deux pays relèvent du secret-défense à Cuba.

[93] Article 55 du Chapitre IX de la Charte de l'Organisation des Nations Unies.

(O.C.D.E.). Selon le Rapport de l'O.C.D.E. sur les « *Perspectives économiques d'Amérique latine pour l'année 2014 – Logistique et Compétitivité* », la modernisation ainsi que la construction des infrastructures de transport sont indispensables pour garantir le développement économique et durable en Amérique latine et dans les Caraïbes. Cette volonté politique rentre également dans le cadre de la stratégie politique de l'ONU visant à réduire la pauvreté, puisque la construction et la restauration des infrastructures dans la Caraïbe sont essentielles pour atteindre l'ensemble des Objectifs du développement durable. À titre d'exemple, des infrastructures de transport fonctionnelles et modernes sont essentielles pour transporter la nourriture dans des conditions respectueuses de la règlementation sanitaire, pour rendre aisée la mobilité, accéder aux zones retirées en cas de catastrophes naturelles, pour renforcer les liens humains, impulser les échanges commerciaux, gagner en compétitivité, pour poursuivre l'intégration régionale... En témoigne l'objet de réflexion qui est étayé dans ce présent article. Grâce à la construction du Port Mariel, l'État cubain devra gagner en compétitivité à l'échelle internationale.

Sa construction répond parallèlement à l'une des orientations stratégiques de la Communauté des Caraïbes (CARICOM). Il est vrai que la République de Cuba n'est pas un membre de la CARICOM, néanmoins l'État communiste prend part aux orientations stratégiques de l'organisation, d'où sa contribution aux préconisations émises dans le volume 1 du[94] « Plan stratégique de la Communauté de la Caraïbe 2015-2019 » datant du 3 juillet 2014. Les problématiques mises en exergue dans ce document n'ont guère évolué. Il intègre la résolution de problèmes liés au manque d'infrastructures du transport maritime comme l'un de ses axes majeurs de travail. Premièrement, le plan préconise le désenclavement de la région afin de faciliter les déplacements, et gagner en compétitivité économique ; deuxièmement, les investissements dans les infrastructures maritimes constituent l'un des piliers du plan stratégique défini par la CARICOM pour son intégration à une économie globale et durable :

[94] Secrétariat de la CARICOM, *"Volume 1 – The executive plan" in Strategic plan for the Caribbean Community 2015-2019: Repositioning CARICOM"*, Guyana, 3 juillet 2014, p. 18. 61 pages.

"Developing the Air/Maritime Transport Infrastructure and Services – to improve accessibility and mobility for people and good; enhance competitiveness at a global level; improve access to traditional and non-traditional markets; improve maritime and air transport reliability, efficiency, safety and security; establish a single/integrated airspace; harmonize the regulatory, institutional and administrative environment. In that regard, specific interventions will include. Developing the framework the effective delivery of air and maritime transportation, including implementation of the Aid for Trade Strategy for modernization of Freight Logistics, Maritime Transport, Trade facilitation and Maritime Cargo and Passenger Services; Addressing cost and sustainability of transportation in the Region; Addressing ease of travel in the Region."

3. Les modifications portées sur le droit national cubain en raison de l'influence de la coopération de type Sud-Sud entre la République fédérative du Brésil et la République de Cuba

Le Décret-loi numéro 313 sur la « Zone Spéciale de Développement Mariel », 23 septembre 2013

Pour favoriser l'attrait économique de la Zone Spéciale de Développement Mariel (Z.S.D.M.), par la promulgation du « Décret-loi numéro 313 sur la Zone Spéciale de Développement de Mariel » du 23 septembre 2013, l'État cubain a fait évoluer son droit national. La construction de la Z.S.D.M. a un impact indéniable sur le droit national cubain car le régime communiste a mis en place via ce décret-loi le premier dispositif juridique permettant le fonctionnement efficient de cette zone franche.

La Loi numéro 118 sur la « Loi sur les investissements étrangers », 29 mars 2014

La « Loi numéro 118 sur la Loi sur les investissements étrangers » approuvée le 29 mars 2014 par l'Assemblée nationale de Cuba, révise la « Loi numéro 77 sur la Loi sur les investissements étrangers » du 5 septembre 1995. Elle définit un encadrement juridique rassurant pour les institutions et acteurs financiers internationaux voulant investir sur le territoire cubain. Son objectif final consiste à favoriser la présence cubaine sur le marché financier et économique international. Pour mieux appréhender la question relevant de la souveraineté relative de Cuba du fait de ses relations internationales avec le Brésil, une attention particulière doit être portée au Chapitre III qui annonce les garanties auxquelles consent l'État cubain pour permettre aux opérateurs internationaux d'investir sur leur territoire national. Le Chapitre IX consacré au « Régime bancaire » invite les investisseurs étrangers à opérer les échanges financiers via les services du système bancaire national, néanmoins, selon les dispositions prévues par la loi, l'État communiste supervise les opérations qu'ils effectuent avec les institutions monétaires internationales.

Convention internationale pour la simplification et l'harmonisation des régimes douaniers, **24 septembre 2009**

Par ailleurs, bien avant la construction de la Z.S.D.M., le 20 mai 2009, soit six ans après la première visite officielle du Président Lula DA SILVA à Cuba, l'État cubain a signé la « Convention internationale pour la simplification et l'harmonisation des régimes douaniers » conclue à Kyoto le 18 mai 1973, dont le but est d'impulser le commerce international en simplifiant les régimes douaniers. Elle a été ratifiée par le chef de l'État cubain, le 24 septembre 2009.

Il convient d'observer que cette même convention a été signée par les États-Unis d'Amérique le 26 juin 1999 et ratifiée le 26 septembre 2005. Le Sénat américain a donné son accord pour la ratification de ce texte en y intégrant de nombreuses réserves ; cependant, aucune ne concerne la loi américaine HELMS-BURTON, ou ne vise l'État cubain.

Donc, actuellement, grâce aux financements venant des acteurs brésiliens, les États-Unis d'Amérique et la République de Cuba sont conjointement signataires d'une convention dont le but vise à impulser le commerce international et à harmoniser au niveau mondial les régimes douaniers, comme stipulé dans l'introduction de l'annexe F concernant les zones franches :

« Certains États ont depuis longtemps jugé nécessaire de favoriser le développement de leur commerce extérieur et, d'une façon générale, le commerce international, en accordant une exonération des droits et taxes à l'importation, sans limitation de durée, à des marchandises qui sont introduites dans une partie de leur territoire où elles sont généralement considérées comme n'étant pas sur le territoire douanier. »

Cette partie du territoire qui est qualifiée de « zone franche » dans la présente annexe est également connue dans certains pays sous divers autres termes, tels que « port franc » et « entrepôt franc ».

Par la ratification de ce texte international, sont introduites dans le droit national cubain les conditions juridiques qui rassurent les investisseurs internationaux. Aussi, la définition de la zone franche telle qu'elle est proposée dans cette convention internationale reste conforme à celle présente dans le Chapitre II consacré au « Glossaire » de la Loi numéro 118 sur la « Loi sur les investissements étrangers », approuvée le 29 mars 2014 par l'Assemblée nationale de Cuba. Étant donné son adhésion à cette Convention internationale, l'État cubain a entamé son processus d'intégration dans un marché commercial mondial.

Brigitte STERN[95] – Professeur émérite en droit international – démontre que :

« Le Commerce possède une tendance naturelle à s'évader du territoire de l'État. Il est intéressant de souligner que durant les cinquante dernières années, le commerce international s'est développé deux fois plus vite que la production de marchandises, et Renata RUGGIERI, alors directeur général de l'OMC, a déclaré en 1998 qu'à la fin du siècle, 60 % de commerce mondial serait réalisé sans barrière douanière. »

Dans une telle situation, l'affaiblissement des pouvoirs publics cubains face au contre-pouvoir des firmes étrangères dans la Z.S.D.M. se

---

[95] STERN, Brigitte, *Règles et Principes directeurs dans l'Organisation mondiale du Commerce : champ d'application et futur développement dans le contexte de mondialisation*, 2009. https://journals.co.za/doi/pdf/10.10520/AJA10281055 39, consulté le 4 novembre 2021.

confirme car les acteurs brésiliens étaient présents lors des séances de travail portant sur l'adaptation du système juridique cubain.

L'encadrement juridique et le renforcement institutionnel de la Banque centrale de Cuba

Donc, pour mener à bien l'intégration de l'État communiste dans une économie de marché, le Géant sud-américain soumet au pays caribéen, via l'aide au développement, ses compétences ; ce qui implique son *soft power*. Par exemple, l'encadrement juridique et le renforcement institutionnel de la Banque centrale de Cuba ont été des axes de coopération technique entre les deux pays.

La Résolution 78/2021 du ministre du Travail et de la Sécurité sociale

Par l'approbation d'un nouveau Code du travail le 13 décembre 2012, l'État cubain a introduit plus de flexibilité dans le domaine de l'accès au droit du travail. Le ministère du Travail et de la Sécurité sociale cubain a œuvré à la reconnaissance d'un régime spécial qui ne concerne que la catégorie de salariés exerçant dans la Z.S.D.M. Cette évolution du droit du travail et de la sécurité sociale de Cuba vise à garantir un salaire spécifique aux usagers de la zone franche, conforme aux pratiques en vigueur dans les autres zones franches mondiales ; créant de ce fait un pluralisme normatif à Cuba. Par cette évolution du droit du travail et de la sécurité sociale, s'introduisent dans le droit national des normes salariales bien éloignées de celles qui sont traditionnellement en vigueur dans un État revendiquant son caractère communiste dans sa Constitution.

Loi de la réforme de la sécurité sociale / Résolution numéro 78/2021

Aussi, le Chapitre XI de la Loi numéro 118 sur la « Loi sur les investissements étrangers », approuvée le 29 mars 2014 par l'Assemblée nationale de Cuba, annonce une évolution du régime salarial et de la sécurité sociale. Reconnaissant la nécessité de la régulation sociale pour garantir l'attractivité du territoire cubain, l'application d'un régime salarial spécial prévue pour les employés de la Z.S.D.M. s'étend à d'autres régimes.

La Constitution de la République de Cuba (février 2019)

La Constitution de la République de Cuba (février 2019) est la traduction juridique des profondes mutations qui se sont opérées sur les territoires cubains. Tel que stipulé au Chapitre 1 sur les Principes fondamentaux dans la Constitution cubaine, le pays garde ses principes communistes, néanmoins un profond changement s'opère dans le droit national de Cuba. Pour la première fois, le droit de propriété y est reconnu.

Conclusion

En s'engageant dans une coopération asymétrique avec Cuba, le Brésil a joué au billard à trois bandes. En effet, si, de prime abord, les relations internationales entre le Brésil et Cuba se sont construites sur une base idéologique, en réalité, le *soft power* brésilien sur le territoire caribéen a trois principales finalités :

– Construire un nouveau marché économique à Cuba grâce à la contribution financière de la « Banque Nationale de développement économique et sociale » du Brésil, et à l'appui technique de l'entreprise de construction brésilienne « Odebrecht » qui avait été désignée par l'État brésilien pour opérer la construction de la Z.S.D.M.

– Accroître l'hégémonie – diplomatique, politique, économique et commerciale – brésilienne dans la zone des Caraïbes, afin de l'étendre à l'échelle internationale.

– Exporter à Cuba un modèle de société où le droit des libertés fondamentales est respecté par les autorités de manière affective.

Compte tenu de la position largement dominante du Brésil dans la coopération asymétrique dans laquelle il s'est engagé avec Cuba, l'intervention des acteurs publics et privés du Brésil a impliqué une évolution du droit national du pays communiste, rendant ainsi possible sa timide intégration dans une économie de marché. Alors, le développement économique sur le territoire cubain, découlant de l'activité de la Z.S.D.M., et l'évolution du droit national cubain, incluant la reconnaissance du droit de propriété, accompagnent la transformation de la société cubaine. Désormais, le peuple cubain revendique « dans la rue » son aspiration à vivre dans un État démocratique. Les manifestations populaires en faveur de l'évolution de l'État cubain, portées ouvertement par la société civile cubaine au mois de juillet 2021, sont un phénomène inédit depuis 1960. Elles annoncent un espoir pour une application effective des principes des droits de l'homme et des libertés fondamentales dans la République de Cuba. Par ailleurs, elles questionnent sur la capacité de l'État cubain à contenir cet élan démocratique qui s'impose progressivement sur son territoire national grâce au développement économique.

Bibliographie

Ouvrages

BARAIBAR, Carlos, *El pensamiento de la izquierda latinoamericana – Foro de São Paulo. IX-XVI,* Madrid, Iepala Editorial, 2012. 302 pages.

CARRÉ DE MALBERG, Raymond. *Contribution à la théorie générale de l'État*, Paris, Éditions Dalloz, 2004. 638 pages.

LE PRESTRE, Philippe, *Protection de l'environnement et relations internationales – les défis de l'écopolitique mondiale*, Paris, Armand Collin, 2005. 477 pages.

MARQUES BEZERRA, Gustavo Henrique, *Brasil-Cuba : Relações Político-Diplomáticas no Contexto da Guerra Fria (1959-1986)*, Brasilia, FUNAG, 2010. 184 pages.

TOURARD, Hélène, *L'internationalisation des constitutions nationales*, Paris, L.G.D.J., 2000. 724 pages.

Recueils des cours de l'Académie de Droit international de La Haye

PELLET, Alain, « Le droit international à la lumière de la pratique : l'introuvable théorie de la réalité. Cours général de droit international public (Volume 414) » in *Courses of the Hague Academy of International Law*. Consulté le 7 novembre 2021. 539 pages.

AHMED MAHIOU, « Le cadre juridique de la coopération Sud-Sud. Quelques expériences ou tentatives d'intégration (Volume 241) », in *Courses of the Hague Academy of International Law.* Consulté le 15 novembre 2021.

Documents légaux

« La Charte de l'Organisation des Nations Unies », San Francisco, 26 juin 1985.

« La Constitution de la République fédérative du Brésil », promulguée le 5 octobre 1988.

« La Constitution de la République de Cuba », promulguée le 10 avril 2019.

La Gazette Officielle Extraordinaire numéro 26-2013, « Décret de loi », numéro 313, « De la zone spéciale de Développement de Mariel, Conseil d'État de Cuba », 19 septembre 2013.

« La Déclaration de Salvador », Bahia, 16 et 17 décembre 2008.

« La Déclaration de la quatrième rencontre du Forum de São Paulo », in *Alternatives Sud*, volume 1, 1994. Consulté le 11 mars 2013.

« La Déclaration issue du 1er Sommet CARICOM-Brésil », 26 avril 2010, Brasilia.

« Les titres de la Loi HELMS-BURTON, votée le 3 mars 1996 par le Congrès des États-Unis d'Amérique » (Pub. L. N 104-114).

Articles

BARROS LEAL FARIA, Déborah, "O Brasil e o CARICOM", in *Revista Brasileira de Política Internacional*, Année 43 – numéro 1, 2000, pages 44-68.

DE ALMEIDA, Paulo Roberto, "Uma nova 'Arquitetura' diplomatic ? – Interpretações divergentes sobre a política externa do governo Lula (2003-2006)", in *Revista Brasileira de Política Internacional,* Année 49 – numéro 1, 2005, pages 95-116.

DE ALMEIDA, Paulo Roberto, "O Brasil como ator regional e como emergente global – Estratégias de política externa e impacto na nova ordem internacional", in *Cena Internacional*, Brasília, volume 9, numéro 1, 2007, pages 7-36.

CASSIER, Maurice ; CORRÊA, Marilena, *Copie, innovation pharmaceutique et santé publique au Brésil : L'expérience des laboratoires pharmaceutiques publics et privés pour produire des antirétroviraux contre le virus du sida*, CNRS, France. 3 pages.

CASSIER, Maurice ; CORRÊA, Marilena, « Éloge de la copie : le reverse engineering des antirétroviraux contre le VIH/sida dans les laboratoires pharmaceutiques brésiliens », *Sciences sociales et santé*, 2009/3 (vol. 27), pages 77-103.

FLYNN, Matthew, "Brazilian Pharmaceutical diplomacy in the Americas an beyond – Social Democratic. Principles versus Soft Power Interests", in *International Journal of Health Services*, 2013, *43*(1), pages 67-89.

GAMBLE, Andrew, "The EU and the Envolving Shift of Power in Global Governance", *in* Mario Telò et Frederik Ponjaert (coord.), *The EU's Foreign policy – What Kind of Power and Diplomatic Action ?* Angleterre, Ashgate Publishing, 2013. 266 pages.

LAGRANGE, Évelyne, « Constitution, constitutionnalisation, constitutionnalisme globaux – et la compétence dans tout cela ? », in *Jus politicum.* Revue de droit politique, Dalloz, 2018, *La jurisprudence du Conseil constitutionnel et les différentes branches du droit*, 20 ⟨hal-01872608⟩, pages 305-331.

LOISEAU, Hugo, « Les politiques étrangères et de défense du Brésil : un mariage harmonieux », in *Chroniques des Amériques*, volumes 18, numéro 1, mai 2013. 13 pages.

MATEUS, Fernandez Xavier, "A inserção internacional do Brasil nas Últimas Décadas", in *Boletim Meridiano* 47, volume 13, numéro 134, novembre-décembre 2012, pages 3-10.

NYE, Joseph S. JR., "Soft Power and the Public Diplomacy Revisited", in *The Hague Journal of Diplomacy* 14 (avril 2019), pages 1-14.

SEAN, W. Burgos, "Revisiting consensual hegemony: Brazilian regional leadership in question", in *International Politics* 52, février 2015, pages 193-207.

UZIEL, Eduardo ; CHOER, Henrique Moraes ; Flavio Elias, RICHE, "Entre direito e política externa – Elementos para a interpretação do

Artigo 4° da Constituição" in *Revista de Direito Constitucional e Internacional*, 2017, volume 99, pages 95-120.

VOM HAU, Matthias ; SCOTT, James et HULME, David, "European Journal of Development Research in 'Introduction : Beyond the BRICs/ Alternative strategies of influence'", in *The Global Politics of Development*, volume 24, numéro 2, avril 2012, pages 187-204.

Documents électroniques

FORERO GONZALEZ, Manuel Jose, MENDES PEREIRA Ricardo, "Cooperação brasileira para o desenvovimento internacional (COBRADI) : O Brasil e os fundos multilaterais de desenvolvimento", *IPEA*, numéro 1719, janvier 2012, 46 pages, consulté le 16 avril 2013.

SANDERS, Ronald, "Export-led growth: Who will lead ? Part 2", in *Caribbean 360*, publié le 28 mars 2013, consulté le 16 avril 2013.

SÖDERBAUM, Frederik, "Regionalism", *in* BADIE, B. ; BERG-SCHLOSSER, D. & MORLINO, L. (2011). *International encyclopedia of political science*. Thousdand Oaks, Calif, SAGE, consulté le 4 janvier 2017.

STERN, Brigitte, « Règles et principes directeurs dans l'Organisation mondiale du commerce : champ d'application et futur développement dans le contexte de mondialisation », 2009, consulté le 4 novembre 2021.

Thèse doctorale

NABAJOTH, Éric, *in* Michel Louïs MARTIN (dir.), *Les Caraïbes dans les Relations internationales : espace et perméabilité aux changements*, Guadeloupe, Université des Antilles et de la Guyane, 2001, 341 pages.

Rapports

Étude Apex-Cuba, Perfil e oportunidades comerciais 2011.

OCDE et ECLAC, “Latin American Economic Outlook 2014 – Logistics and Competitiveness for Development”, Paris, Éditions OCDE, 2013. 170 pages.

Pérez, Ricardo, “Preliminary overview of the economies of latin america and the Caribbean”, Chili, ECLAC, 2012. 98 pages.

Ricardo, J. Sánchez et Gordon, Wilmsmeier, “Maritime sector and ports in the Caribbean: the case of CARICOM countries”, in *Natural Resources and infrastructure Division*, Chili, United Nation Publication, 2009. 58 pages.

Secrétariat de la CARICOM, “Volume 1 – The executive plan”, *in Strategic plan for the Caribbean Community 2015-2019: Repositioning CARICOM,* Guyana, 3 juillet 2014, 61 pages.

Sophie BRUDEY est doctorante en droit public et sciences politiques à l’Université des Antilles, Pôle de Guadeloupe. Enseignante contractuelle, elle mène ses travaux de recherches en Géopolitique internationale dans le cadre du laboratoire CAGI (Centre d’Analyse de Géopolitique Internationale) de la même université.

Ses travaux portent sur la géopolitique dans la Caraïbe et à l’Amazonie. Ils sont communiqués dans le cadre des congrès de la CSA (Caribbean Studies Association).

Amazonie

Article

Pour un modèle standard du développement des sociétés : problématique et perspectives

Nestor RADJOU

Résumé Le monde évolue, les sociétés s'adaptent, et pour maitriser leur évolution, nous devons appréhender le processus de développement. S'il n'existe pas de définition consensuelle, il faut toutefois entendre par développement, l'existence d'une dynamique endogène de mutations sociales et de progrès du complexe technique qui améliore les conditions de vie et de bien-être des populations. Cette dynamique s'inscrit dans l'histoire de l'humanité qui, très tôt, fixe l'archétype de l'organisation et du fonctionnement de toute société. À partir de cet invariant, nous définissons le développement dans une approche globale qui remodèle la conception actuelle du développement, le singularise dans le cadre où il se réalise et, finalement, permet de rendre compte de la diversité des modèles de nos sociétés et de leur développement.

Abstract The world is changing, societies are adapting and to control their evolution we must understand the development process. Although there is no consensual definition, development must nevertheless be understood to mean the existence of an endogenous dynamic of social changes and progress in the technical complex that improves the living conditions and well-being of populations. This dynamic is part of the history of humanity which, very early, sets the archetype of the organization and functioning of any society. From this invariant, we define development in a global approach that reshapes the current conception of development, distinguishes it in the context in which it is realized and finally makes it possible to account for the diversity of models of our societies and their development.

Introduction

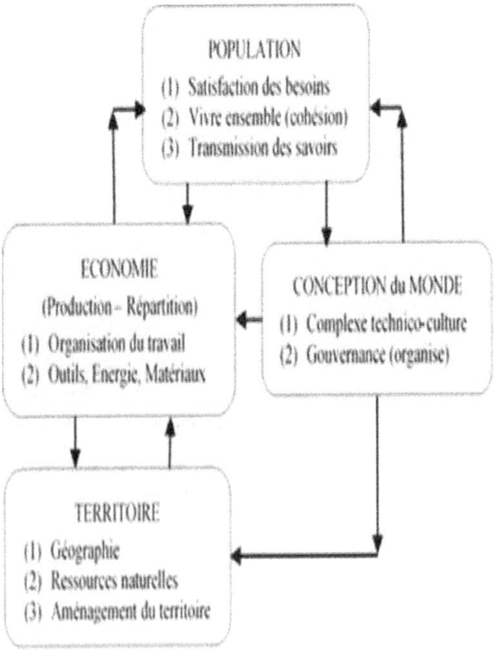

Le Modèle sociétal standard

Les progrès s'accumulent, le monde change, les sociétés évoluent à leur rythme et la diversité des écarts de développement interpelle. Et, sans au préalable saisir ce qu'est le processus de développement des sociétés, nous ne saurions pas appréhender ces fractures d'évolution. Sinon, comment pourrions-nous savoir si une société se développe réellement ou pas, ni le pourquoi et le comment. Certes, des personnes très instruites s'en font, trop souvent, une idée saugrenue. S'ils savent différencier les pays développés (PD) des pays en retard de développement

(PND), ils n'appréhendent pas pour autant ce processus de développement, autrement que par la vision familière de la croissance de la production d'une économie carbonée dont les effets pervers (*pollution, drogue…*) nuisent au cadre et à la qualité de vie.

Bien qu'il n'existe pas de définition consensuelle, il faut toutefois entendre par développement d'une société, *l'existence d'un processus endogène continu de progrès techniques et de mutations sociales qui améliore les conditions de vie et le bien-être des populations.* Cette dynamique d'évolution s'inscrit dans l'histoire de l'humanité qui, très tôt, fixe l'archétype de l'organisation et du fonctionnement des sociétés. À partir de ce modèle, nous définissons le développement intrinsèque d'une société par une approche globale qui remodèle la conception actuelle du développement, le singularise dans le cadre où il se réalise et, finalement, permet de rendre compte de la diversité des évolutions de nos sociétés, ainsi que de leurs perspectives de développement.

1. L'archétype sociétal et son processus de développement

Selon nous, l'étude de l'évolution de nos sociétés se ramène à celle de l'articulation de leurs trois composantes naturelles sur lesquelles opèrent deux outils de transformation, dont les ruptures caractérisent dans le temps leurs changements de forme et de nature.

a) Modélisation de l'archétype de nos sociétés

Bien que toutes les sociétés soient différentes, elles diffèrent par la géographie, l'histoire, la culture, l'état d'avancement…, leur organisation, leur fonctionnement et leur évolution reposent en revanche sur la même architecture. Un modèle social standard que constituent deux configurations sociales invariantes, l'une est son ossature et l'autre sa dynamique d'évolution. L'ossature articule trois variables naturelles, indissociables, que sont *la population, le territoire et l'économie* que nous notons respectivement p, t, e et que nous interprétons comme un point X = (p, t, e) d'un espace dérivant des diverses possibilités d'état interne d'évolution des sociétés. Soit, de façon plus explicite :

$X = (p, t, e)$

- p = la population, avec ses valeurs éducatives, sanitaires, d'intégration, de cohésion et de solidarité. Elle occupe un territoire d'où elle puise ses moyens d'existence ;
- t = le territoire aménagé et dont le potentiel de ressources doit être en mesure de garantir un certain niveau d'accessibilité, d'attractivité, d'infrastructures et de qualité de l'environnement ;
- e = l'économie, via la *production et la répartition* des richesses, assure la satisfaction des besoins et le bien-être de la population. C'est le substrat de toute société.

La variable X définit notamment le niveau national de « capital-patrimoine », en tant qu'accumulation de richesses matérielles, immatérielles et financières (*patrimoine, infrastructure, éducation, santé, compétences, actif financier et monétaire…*).

La dynamique Y, pour sa part, est une conception Y du monde (*du réel, de la société et de l'individu*) qui opère sur l'espace des états internes à partir de ses deux composantes que sont la *gouvernance* **g** qui organise le vivre ensemble et *le complexe technico-culturel* **s** (*savoir, savoir-faire et savoir-être*), lesquels constituent deux outils (*matériels et intellectuels*) qui permettent de comprendre et de transformer le Réel, ainsi que de disposer des moyens d'organiser le vivre ensemble. Soit Y = (s, g) :

$Y = (s, g)$

- s = science et technique (*empirisme/rationnel*) avec sa dimension universelle ;
- g = gouvernance (*féodal, autoritarisme, démocratique…*) qui organise, ordonnance et régule la vie collective, en intégrant les relations extérieures.

Autrement dit, le développement des sociétés se traduit par l'existence d'une dynamique endogène de progrès techniques (*science-technologie*), économiques et sociaux (*gouvernance*), qui, via la création et la répartition des richesses, entretient la cohésion sociale et assure l'amélioration des conditions de vie et du bien-être des populations, sans pour autant que la démocratie soit une condition nécessaire, mais elle peut être suffisante. C'est elle qui en chaque état interne X définit l'orientation et la direction de l'évolution, où, d'un côté, la science façonne le champ du possible par la compréhension, la maitrise et la production du réel, et, de l'autre, la gouvernance effectue les choix et fixe les règles qui déterminent le cadre et les comportements du vivre ensemble. Mais ce processus mécanique, qui impacte toutes les strates de la société, ne se réduit pas à une seule de ses dimensions, qu'elle soit technique, économique, sociale ou culturelle, ni à la simple industrialisation et croissance des activités. Par exemple, une forte croissance du produit intérieur brut (PIB) par habitant (PIB/hab.) n'est pas synonyme d'amélioration des conditions de vie d'une population, car le produit peut être approprié par certains, être superflu (*marketing*...) et avoir des effets pervers sur la santé et l'environnement.

Formellement, l'évolution de toute société se ramène à un *modèle social standard* que caractérisent son ossature et sa dynamique d'évolution. Soit symboliquement $S_Y(X)$.

La dynamique opère sur l'espace des états internes en définissant en chaque point X l'orientation et la direction de l'évolution, laquelle dépend des progrès techniques et de la gouvernance. Ainsi, chaque société est bien définie par la donnée de l'espace de ses états internes et de sa dynamique. Lorsque X ou Y varie, la société se transforme lentement selon sa propre dynamique et sans apparemment changer de forme, sauf en certains points où elle bifurque en changeant radicalement de forme ou de nature. De fait, l'histoire de l'humanité atteste de cette réalité du processus d'évolution et de développement des sociétés, dont il convient de retracer brièvement les principales étapes.

b) Processus historique de transformation des formes de société

À l'origine et jusqu'à la fin du XVIIIe, toutes les sociétés ont une forme traditionnelle, et leurs fondations sont de même nature : le savoir et le savoir-faire sont empiriques et façonnés par les pratiques quotidiennes, alors que le savoir-être relève de la tradition imprégnée de la pensée sacrée et magique (*religion, mysticisme*...). Pour autant, le complexe technique et la gouvernance connaissent de multiples césures et sauts d'évolution qui impactent profondément la nature et les formes de l'économie, de la gouvernance et des conditions d'existences des populations. Concrètement, du point de vue économique et social, quatre ruptures spécifiques ont véritablement façonné nos sociétés.

La 1re, après le feu, est une césure du complexe technique qui intervient avec l'invention de l'agriculture au Néolithique, vers le Xe siècle av. J.-C. Elle fait que l'Homme cesse d'être nomade, devient sédentaire, construit son habitat en dur, aménage son territoire… On assiste alors au règne de la force, à la hiérarchisation des individus, au passage de l'économie de prédation à l'économie de production et, finalement, à l'éclosion de la société capitaliste (*figure ci-contre*) qu'institue *la loi du plus fort* et ses corollaires : l'appropriation des terres, l'esclavage, la propriété privée du capital (*terres, esclaves…*), la subordination du travail au capital et à une gouvernance au service d'une oligarchique de pouvoir. Mais, si l'organisation et le fonctionnement de la société changent radicalement, la conception du monde reste la même, attachée à la pensée sacrée et magique.

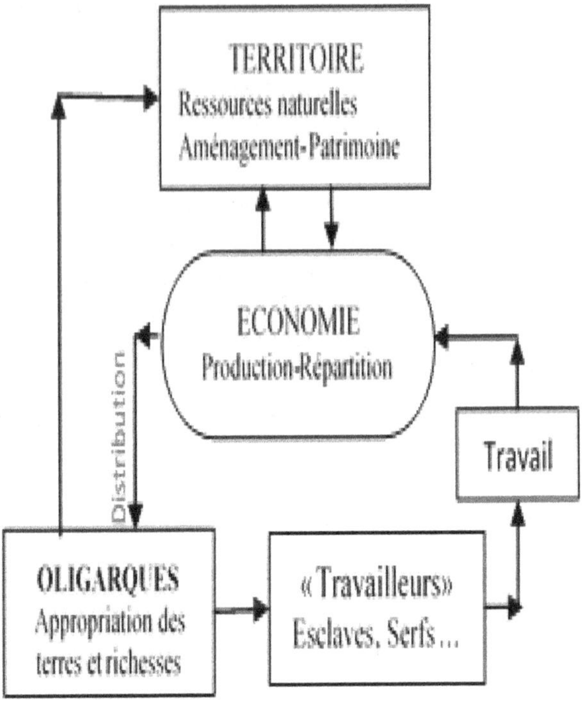

Modèle du Capitalisme primitif

La 2e césure, vers 3 500 ans av. J.-C., est l'invention de *l'écriture* qui marque le passage de la civilisation tribale à celle des grands empires d'Égypte et de Mésopotamie d'où émergent les notions de l'État et son administration. D'un côté, l'Égypte, où pharaon est propriétaire de tout et de tous, édifie la première forme de socialisme et de capitalisme monopoliste d'État. De l'autre, les monarques de la Mésopotamie façonnent un capitalisme libéral en encourageant l'initiative individuelle et la propriété privée. Avec eux, la loi du plus fort s'institutionnalise dans une alternative du capitalisme, qui se traduit par tout processus social d'appropriation et l'accumulation de richesses, matérielles ou immatérielles (*idéologie, religion, pouvoir*), des uns au détriment des autres.

La 3e rupture sociétale est le *« miracle grec »*. À partir du VIe siècle avant J.-C., la Grèce antique, outre ses nombreuses innovations techniques, libère la compréhension de la pensée sacrée et, du moins en théorie, révolutionne la conception du monde, la nature humaine et, par suite, toutes les composantes de l'ossature sociale et de sa dynamique d'évolution. En créant la pensée rationnelle comme une alternative à la pensée sacrée et magique, les intellectuels grecs postulent que l'évolution des phénomènes est régie par des lois (*naturelles ou conventionnelles*) et introduisent deux puissants outils rationnels de transformation du réel et de la société : la science et la démocratie. Pour eux, il appartient, d'un côté, à la science de découvrir les lois naturelles qui régissent le Réel et d'inventer les moyens (*la technologie*) de le transformer. De l'autre, à la gouvernance, ils attribuent la charge d'édicter les lois de l'organisation du vivre ensemble. Désormais, avec eux, la société peut être pensée avant d'être produite. Ainsi, le complexe technique se mécanise avec la science et la technologie et la gouvernance se démocratise avec les notions d'intérêt commun, de solidarité, de liberté et d'égalité du citoyen qui, dès lors, doit être éduqué à cette fin. La démocratie pouvant alors être, le cas échéant, une condition suffisante du progrès social. En réalité, les conditions de vie matérielle des Grecs restent traditionnelles et dépendent, pour l'essentiel, de l'énergie musculaire (*esclaves*...) et des caprices de la nature (*prédation, agriculture, artisanat*...). Bien que leurs outils de production restent rudimentaires, il n'y a ni machine, ni industrie, ni électricité. Son complexe technique connait néanmoins de nombreuses innovations, avec notamment la monnaie et l'écriture alphabétique, au point que l'économie se remodèle en une économie monétaire de marché, sans toutefois rompre avec le capitalisme primitif dont elle adopte la forme libérale, alors même que la Grèce aspire, avec la démocratie, à concilier liberté individuelle, égalité des citoyens, solidarité et intérêt commun, la Grèce révolutionne donc le modèle social standard $S_Y(X)$. Elle change la nature de l'espace des états internes et la logique de la dynamique d'organisation et de fonctionnement de la société. D'où le modèle social grec.

De la société traditionnelle à la société industrielle			
Innovations de rupture :	Société traditionnelle (imprégnée du Sacré)	Société industrielle (Rationalité et mécanisation)	
		1° RI 1775-1875	2e RI 1875-1975
Vision du monde :	Sacré (surnaturel …)	Sacré/Rationnel (science)	Sacré ou Rationnel (*science*)
- Gouvernance	Autocratie, oligarchie…	Démocratie, oligarchie,	Démocratie, socialisme
dont l'ordre international	Rapport de force	Rapport de force	Force/négociation (ONU, FMI)
- Progrès technique	Empirique et aléatoire	R&D (*Science/technologie*)	R&D (*Science/technologie*)
dont énergie :	Primaire (*naturelle*)	Secondaire (*fabriquée*)	Secondaire (*fabriquée*)
– Source – Moteur	Musculaire-naturelle Moulin, animaux…	Charbon, gaz Machine à vapeur	Électricité Moteur

Économie : – Nature dont secteur dominant – Organisation du travail Monnaie	Agricole et artisanale –Agricole et artisanale –Alimentation-Textile –Contrainte-servage –Pièces de monnaie	Économie marchande –Industrielle –Sidérurgie &Textile –Capital-Travail –Fiduciaire-scripturale	Économie marchande –Industrielle –Métallurgie, chimie synthèse –Capital-Travail –Fiduciaire-scripturale
Aménagement du territoire : – Mode de transport – Mode de communication	 Route, roue, voile Verbal, manuscrit	 Chemin de fer, Télégraphe	 Automobile, aviation Télécommunication (*Radio, TV…*)
Population – Statut – Éducation-compétence	 Maître-esclave, serf… Tradition	 Liberté, égalité… Éducation et Formation	 Liberté, égalité… Éducation et formation

Enfin, la 4e césure du complexe technique est celle de la maitrise de l'énergie secondaire, de la mécanique des métaux et du moteur, qui rompt bien des équilibres et provoque un énorme saut de productivité. Elle inaugure la société industrielle dont la dynamique d'évolution est désormais attachée aux progrès scientifiques, techniques et sociaux. De sorte que l'on assiste au passage de la société traditionnelle (*faible productivité du travail-capital*) à la société industrielle (*très forte productivité*) dont les différences sont mises en exergue dans le tableau suivant :

Mais pour que cette dernière césure se réalise et remodèle l'architecture de l'organisation sociale, il a fallu attendre deux millénaires pour que la vision grecque se diffuse, le complexe technique se perfectionne et que l'Europe se retrouve au XVe siècle dépositaire des acquis du passé. Les Arabes, après avoir apporté leurs propres contributions au progrès, notamment scientifique avec la pensée opératoire et expérimentale, lui ont en effet transmis l'héritage grec et fait converger en son sein les fondamentaux de la rénovation, tels que la boussole pour l'orientation, la lentille optique pour le microscope et le télescope, l'imprimerie pour la diffusion des savoirs, la poudre à canon pour l'hégémonie militaire… En prenant le relais de la civilisation, l'Europe assimile la conception rationnelle grecque du monde et perfectionne les acquis du passé. Les travaux de ses intellectuels aboutissent non seulement au « Siècle des Lumières » et ses aspirations de liberté et d'égalité, mais surtout aux révolutions industrielles du XVIIIe et XIXe siècle que caractérise la mécanisation du mode de production, d'abord par l'introduction de la vapeur et de la machine, puis de l'électricité et du moteur de combustible fossile. Ainsi, en adoptant la science et la démocratie, l'Europe concrétise et perfectionne le modèle capitaliste grec, dans sa seule forme de démocratie libérale où elle ignore les inégalités initiales. Dans l'espace des états internes X (*p, t, e*), la pensée rationnelle, l'éducation du citoyen, la laïcité et la productivité se renforcent et s'accélèrent. Quant à la dynamique Y (*g, s*), le complexe technique bifurque et se mécanise, alors que, pour sa part, la gouvernance se démocratise tout en restant au service de l'oligarchie du « capital ». En particulier, elle substitue le salariat au servage et dote son

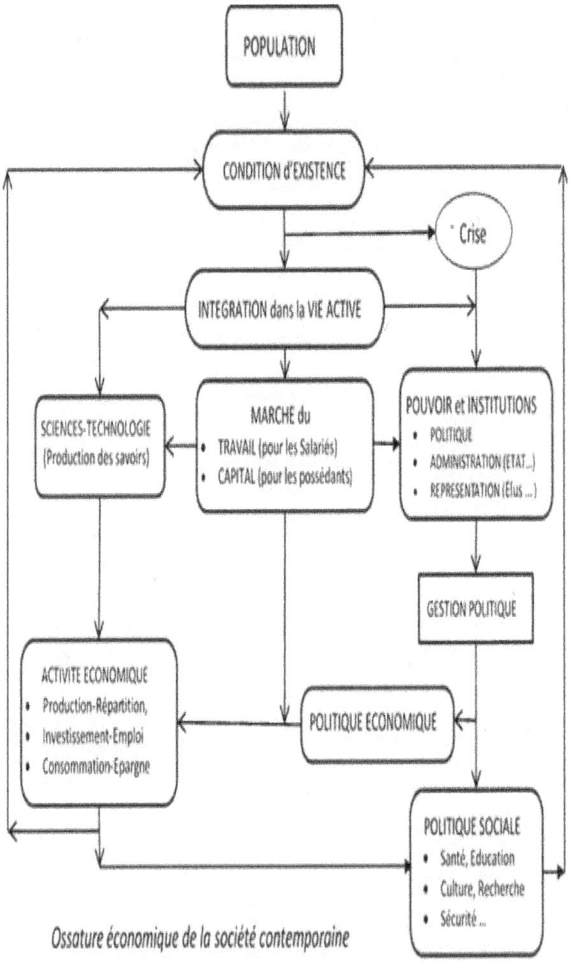

Ossature économique de la société contemporaine

processus capitaliste, l'appropriation et l'accumulation des richesses, de ses principaux outils juridiques, monétaires et financiers (*monnaie scripturale, action, marché financier, brevet*...), qu'elle institutionnalise. Ce faisant, elle dissimule la loi du plus fort dans le cadre d'une idéologie libérale qui proclame l'existence d'un ordre naturel, lequel, à travers le marché, la liberté individuelle et la propriété privée des moyens de production (*entreprise*...), valorise la subordination juridique du travail au capital (*soumission du salarié à l'entreprise*), l'appropriation des savoir-faire (*brevet, secret de fabrication*...) et l'accumulation du capital (*sous diverses formes* : amortissement...).

2. Développement des sociétés contemporaines

Toutes les sociétés contemporaines ne sont pas au même stade d'avancement et les retards de développement des uns se définissent par référence aux sociétés développées dont l'état d'évolution est le résultat historique de la fracture sociétale qu'a créée en Europe la première révolution industrielle du XVIIIe siècle. À cette époque, l'ordre international se réduisait à la loi du plus fort et le modèle social $S_{Y}(X)$ était partout quasiment de même nature avec un complexe technique rudimentaire et une gouvernance du « chef ». Mais la concentration en Europe des acquis du passé aboutit à la mécanisation du mode de production et à un saut de productivité du couple homme-machine. Il en résulte une accélération du rythme d'évolution de ces sociétés et le changement de logique de leur développement. Ainsi s'est hiérarchisé le développement des sociétés et un fossé s'est creusé entre le Nord et le Sud, les « pays riches et pays pauvres ». Néanmoins, aujourd'hui, toutes les sociétés se présentent sous la même architecture économique, ci-contre.

Par ailleurs, une 5e césure est en cours depuis les années 1970-1980, avec d'un côté une 3e révolution industrielle qui refond le complexe technique et, de l'autre, la nécessité d'un changement de paradigme de gouvernance qu'imposent la préservation des écosystèmes (*développement durable*), la mondialisation et l'affrontement des deux visions idéologiques du capitalisme. À la vision néolibérale des pays occidentaux qui affirme le primat de l'individu sur la société et du capital sur le travail (*propriété privée, liberté individuelle et marché*), s'oppose celle du socialisme des pays communistes (*Chine, Russie*), qui, cependant, affirme le primat de la société sur l'individu et la mise en œuvre d'une planification centralisée (*dirigisme de l'État*). Malgré tout, toutes les sociétés actuelles restent attachées au modèle primitif capitaliste, qui se présente alors soit sous une forme libérale avec l'appropriation et l'accumulation des richesses matérielles, soit sous forme idéologique avec l'appropriation et l'accumulation des richesses immatérielles telles que le pouvoir et la religion.

1. Caractérisation des sociétés développées

Les sociétés développées (*SD ou PD, P pour pays*), quasiment toutes occidentales, industrialisées, voire démocratisées, sont bien identifiées. Elles possèdent, chacune :

(1) une population bien soudée par son histoire, partageant le même socle de valeurs, notamment d'appartenance, et possédant un grand nombre d'élites maitrisant les savoirs et savoir-faire (science-technologie) et qui savent les produire et les transmettre (*université, centre de recherches…*) ;
(2) un territoire attractif, accessible, bien aménagé (*infrastructures, électrification, réseaux de communication…*) et qui assure la libre circulation des personnes, des idées, des capitaux et des marchandises ;
(3) une économie industrialisée qui sait, pour l'essentiel, produire et financer ses activités en vue de satisfaire ses besoins ;
(4) une organisation institutionnelle des sciences, des techniques et des cultures intégrées au réseau mondial de production des connaissances, sources de progrès et de productivité ;
(5) une gouvernance dotée d'institutions sachant garantir le progrès et un niveau élevé d'intégration, de cohésion et de protection sociales (*santé, éducation, solidarité, sécurité*).

La dynamique et l'espace des états internes de l'ossature du modèle standard initial $S_Y(X)$, dont ils sont issus, ont été refaçonnés par deux révolutions industrielles (RI) et un troisième étant en cours depuis les années 1970. La 1re RI (1775-1875) a d'abord eu lieu en Europe où elle a transformé la société traditionnelle, à faible productivité du capital et du travail, en société industrielle à très forte productivité. Cette première révolution a remplacé, dans le mode de production traditionnel, l'énergie primaire et la force musculaire par l'énergie secondaire (*d'abord thermique, puis électrique…*) et la machine. Elle ouvre l'ère de la production de masse. C'est elle, en effet, qui a initié la mécanisation du mode de production et inauguré l'économie industrielle que va renouveler la seconde RI (1875-1975), avec l'intégration de l'électricité, l'électronique, les moteurs à explosion, les carburants fossiles, la chimie de synthèse… L'industrialisation fait de la science-technologie un véritable moteur du progrès et s'accompagne, en Occident, du développement des libertés, de la formation et de l'éducation. Pour autant, si ces sociétés savent financer leurs activités et produire leurs besoins, leur gouvernance reste par contre fidèle au processus primitif d'appropriation et d'accumulation des richesses et des pouvoirs, l'archétype du capitalisme, source d'inégalités et d'injustices sociales ; la problématique de la répartition équitable restant ouverte. Finalement, en concentrant tous les savoirs et savoir-faire, dont ils sont devenus les principaux producteurs, les PD ont créé une cassure de rythme de développement. Depuis, deux logiques de développement coexistent et hiérarchisent les états de développement, notamment avec la distinction de développé et non-développé, que l'ONU classifie avec l'indice IDH (*indice de développement humain*).

Pour comprendre pourquoi la révolution industrielle a commencé en Europe, il faut se rappeler que c'est en assimilant la vision rationnelle et laïque grecque et en acquérant un prodigieux butin de savoirs, d'innovations et de richesses (*stock d'or, synonyme de monnaie*) que l'Europe a pris le relai de la civilisation à la fin du XVe siècle. Les invasions arabes, les Croisades et les expéditions maritimes ont en effet fait converger en son sein les acquis du passé, et tout particulièrement :

(1) la pensée rationnelle et laïque, qu'a créée la Grèce antique, et qui fait de la science et de la démocratie les deux moteurs de production du progrès technique et social ;
(2) un ensemble d'innovations et de techniques, telles que l'imprimerie pour la diffusion des savoirs ; la poudre à canon pour imposer l'hégémonie européenne (*la colonisation*) afin de résoudre les insuffisances de ressources naturelles de l'Europe ; la lentille optique pour l'exploration micro et macroscopique du monde, la boussole pour l'orientation et la navigation... ;
(3) la découverte des Amériques et la colonisation des continents qui ont permis une formidable accumulation de capitaux (*métaux précieux dont l'or, épices...*). De sorte que l'on ne saurait occulter le rôle qu'a joué la colonisation qui, de plus, a inauguré l'ouverture des frontières, les marchés de matières premières et la mondialisation.

L'institutionnalisation de la science, de la démocratie et de l'appropriation-accumulation du capital a structuré et automatisé le développement des PD occidentaux, qui depuis ne cessent d'accélérer leur développement. D'un côté, la science, l'éducation et la formation nourrissent et automatisent les progrès techniques et la croissance économique, via la recherche, l'innovation et la productivité du travail et du capital. De l'autre, la démocratie, les revendications populaires, le dialogue social, la recherche d'un consensus... contraignent la gouvernance à assurer le progrès social, bien qu'elle soit le plus souvent au service de l'oligarchie capitaliste dont la finalité est le profit, plus que la satisfaction des besoins et des inégalités.

Par suite, sous l'impulsion des progrès techniques et des innovations, le développement des PD se réduit essentiellement à des problèmes de régulation et d'ajustement politiques. La culture partenariale, le paritarisme, la protection sociale, l'existence de pouvoir/contre-pouvoir ramènent en effet leur développement au progrès scientifique et technique pour le long terme et pour le court terme, à la croissance et la répartition des richesses, certes plus favorable, au capital qu'aux salariés. Or, l'équité de la répartition est encore problématique et la croissance ne peut se justifier à ce niveau de vie que par l'augmentation de la population. L'amélioration des conditions de vie des populations reste très inégalitaire et injuste, du fait de la subordination du travail au capital.

Concrètement, le développement des PD, c'est-à-dire l'amélioration ou le maintien du bien-être des populations, est de fait automatisé et n'est plus aléatoire, ni empirique. Il dépend des progrès d'une science universelle (*mathématiques, physique, chimie, biologie et leurs applications*), des institutions et de l'idéologie des gouvernants qui, lorsqu'ils sont libéraux, réduisent, en général, le développement à la production et à la répartition qu'entretient le cycle économique INVESTISSEMENT – EMPLOI – CROISSANCE, surtout au profit d'une oligarchie financière qui s'approprie et accumule des richesses, sans se soucier de l'économie réelle. Toute la logique de ce système réside dans l'équation comptable d'égalité ressources-emplois :

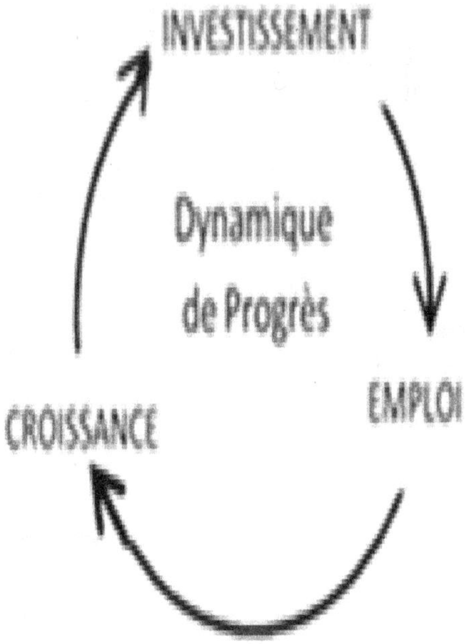

$$Q_{organisat}(\text{Travail, Capital}) + I_{mport} = C_{onsomat} + I_{nvest} + E_{xport}$$

« OFFRE » = « DEMANDE »

Sans compétitivité, l'importation se substitue à la production nationale

Traduit l'efficacité du système en termes de compétitivité

Laquelle fait abstraction de la négativité de la production-répartition à la faveur de la rentabilité du capital. Toutefois, dans ce cadre de l'économie libérale, deux visions de la gouvernance coexistent, voire s'opposent. L'une, la conception néoclassique (*par ce vocable, nous regroupons tous les courants de l'orthodoxie*), prône un capitalisme débridé qui fait du marché, de l'initiative individuelle, de la concurrence, de la propriété du capital et de la politique de l'offre les seuls déterminants du progrès économique et social. Plus que la satisfaction des besoins réels et du bien-être de la population, elle fait de la recherche du profit la finalité de l'économie. L'autre, plus attachée, solidaire, telle que la vision keynésienne de la demande effective, opte pour un capitalisme sous tutelle d'un État stratège dont la mission est de réguler l'évolution des activités par la mise en œuvre de politiques fiscales, monétaires, budgétaires et sociales adaptées à l'intérêt commun. Pour autant, bien que différentes, leur logique économique reste la même et le marché (*qu'il soit régi par l'offre, la demande, l'initiative privée, la concurrence…*) règle, avec ou sans État, le mécanisme des échanges selon une logique économique standard :

- Le secteur productif (*constitué principalement de l'industrie et de l'agriculture*) crée les produits de consommation et verse aux ménages des revenus (*du travail et du capital*) ;
- Avec ces revenus, dont ils épargnent une partie, les ménages consomment en s'adressant au secteur commercial qui s'alimente auprès du secteur productif, et, le cas échéant, en important. Le commerce étant une interface

de consommation qui emploie également et verse aux ménages des revenus, amplifiant ainsi les activités du système ;

Ossature économique des PD

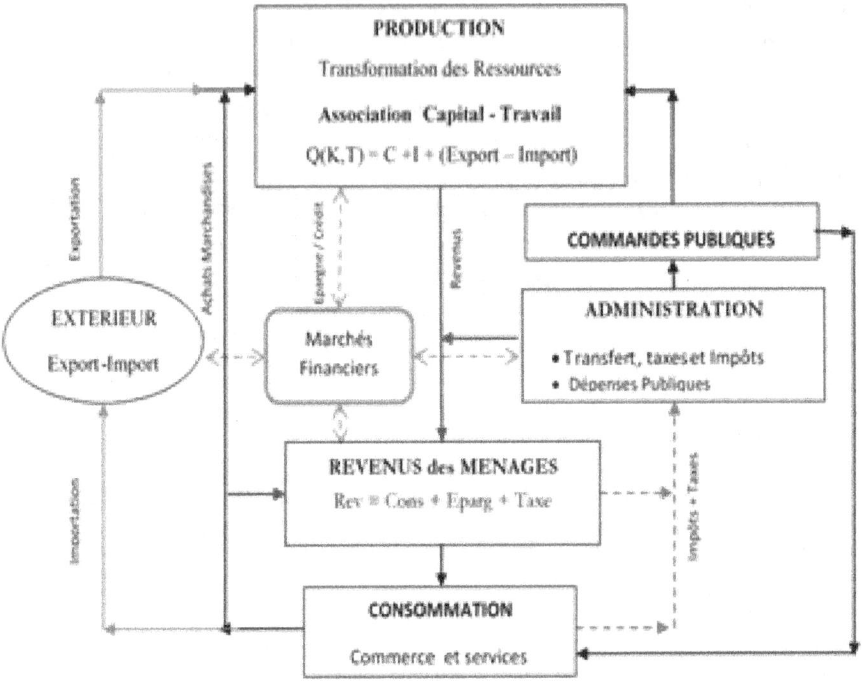

* L'administration, quant à elle, effectue des prélèvements sur les revenus, emploie des fonctionnaires, verse aux ménages des revenus, des prestations et passe des commandes publiques auprès des entreprises. Selon la vision keynésienne, son rôle consiste à orienter et contrôler toute l'activité économique, afin de maintenir la cohésion sociale. Si, pour les keynésiens, l'État est un stratège, par contre, pour les néoclassiques, ses interventions sont néfastes et faussent les lois du marché ;
* Le système bancaire et financier, pour sa part, a à charge de financer l'économie et de garantir la liquidité et la mobilité des capitaux ;
* L'extérieur, quant à lui, intervient comme secteur d'appoint, avec l'importation et l'exportation dont le solde, s'il n'est pas nul en valeur, se traduit par une réduction ou un accroissement de la masse monétaire.

Il en résulte que le développement des PD est aujourd'hui un processus mécanique endogène, autrement dit, une dynamique d'autorégulation susceptible d'assurer son propre développement, sous l'impulsion des progrès techniques et de l'idéologie libérale de la gouvernance, laquelle revendique sa nature capitaliste mais n'assume pas d'être à l'origine des inégalités et des effets pervers de son mode de production et de répartition.

En réalité, les PD ne sont pas les seules sociétés capitalistes d'aujourd'hui. Le capitalisme, l'institutionnalisation de la loi du plus fort, se caractérisant par l'appropriation et l'accumulation des richesses ou des pouvoirs des uns au détriment des autres. De ce fait, il subordonne l'individu au capital, tant sous sa forme de propriété privée des moyens de production que de pouvoir religieux, idéologique et politique. Or, en ne remettant pas en cause ce mode opératoire, toutes les sociétés contemporaines sont, en ce sens, de nature capitaliste et se présentent soit sous la forme libérale traditionnelle des PD, soit sous la forme idéologique telle que celles de la Chine, de la Russie, des pays islamiques…. Pour les pays développés occidentaux, considérés comme la forme traditionnelle du capitalisme, l'appropriation opère sur la production des richesses matérielles et des consciences avec pour moteur l'économie libérale de l'offre ou de la demande (*marché, propriété privée des moyens de production, profit…*), et que l'oligarchie néolibérale impose comme la pensée unique, à travers les médias. Mais cette vision de la société, qui valorise la liberté individuelle, la concurrence et la propriété privée au détriment de l'égalité et la solidarité, remet en cause, par nature, les fondements de la démocratie qui ne dissocie pas le triptyque liberté-égalité-solidarité. Elle nourrit en effet l'individualisme et ses corollaires, l'égoïsme et la violence (*loi du plus fort*), lesquels se manifestent de plus en plus et laissent poindre l'établissement d'une dictature du capital. D'autant que la recherche du profit étend le champ de la marchandise et le marché au vivant et à toutes les activités humaines. Quant au « capitalisme idéologique », qu'il soit religieux, socialiste ou non, l'appropriation opère d'abord sur les consciences, le cas échéant sur la production des richesses matérielles ou immatérielles, et son moteur renvoie à l'idéologie, au parti unique, au pouvoir politique, à la religion. Et, autant que la forme traditionnelle, ce capitalisme bafoue la démocratie en privilégiant la solidarité et le collectivisme, voire l'égalité, au détriment des libertés individuelles. En toutes circonstances, la répartition des richesses et des pouvoirs est en cause et la classe dominante, qui continue à s'approprier les savoir-faire (*brevet de fabrication*), la maitrise de la production et de la gestion de la matière, s'apprête maintenant, avec la 3e RI, à s'approprier la production et la gestion du vivant (*biotechnologie*). Ainsi, la société de l'automatisme, de l'intelligence artificielle et de la robotique s'initie en faisant du capital (*machines intelligentes et interconnectées*) le seul facteur de production. Le travail salarial devenant inutile, quel en sera le sort des masses populaires ?

2. Caractérisation des pays en retard de développement

Tous les pays ne sont pas développés, ni au même stade de développement et il existe un fossé entre les pays développés et les pays non développés (PND), entre le Nord et le Sud. Or, c'est en bénéficiant d'un environnement favorable et approprié que les pays développés (PD) ont pu s'industrialiser et se doter d'institutions qui leur permettent aujourd'hui d'auto-entretenir leur développement. Leur population, dont l'espérance de vie est très élevée, croît lentement, détient la quasi-totalité du capital physique, financier et social de l'humanité et bénéficie d'infrastructures, d'équipements collectifs et de conditions de vie de qualité. De plus, c'est eux qui produisent l'essentiel du progrès matériel, social et intellectuel de la planète, qui organisent le monde en fixant les standards universels de vie (*progrès technologie, réseaux sociaux...*), qui ordonnancent les marchés financiers (*Bourse de New York...*) devenus omniprésents et qui, finalement, imposent un ordre international éthique, juridique et financier contraignant (*droits de l'homme, ouverture des frontières, ONU...*), que d'ailleurs renforcent maintenant les nécessités du développement durable. Dans un tel environnement, les pays en retard de développement se heurtent à d'importantes difficultés d'industrialisation, de culture, de financement et de gouvernance. Pire, l'appropriation des progrès techniques (*brevet, secret de fabrication...*) et l'accumulation du capital des PD s'opposent, de fait, à leur industrialisation. Comment, dans ces circonstances, les PND peuvent-ils s'en sortir ? La 3ᵉ RI en cours leur ouvre-t-elle des perspectives ? D'autant qu'aucune stratégie et explication des retards de développement n'ont véritablement fait leurs preuves !

a) Les principales explications théoriques des retards des PND

Dans la littérature économique occidentale, on trouve diverses explications des retards de développement des PND et même les plus abjectes. Soit, en résumé, pour l'essentiel :

- Pour les xénophobes, le sous-développement serait dû à des inégalités de races ; une thèse fataliste qui n'est pas soutenable, d'autant que la notion de race n'a aucun fondement génétique ;
- Pour l'analyse libérale traditionnelle, les retards de développement seraient dus à des dysfonctionnements de marché et au blocage des libertés et des initiatives individuelles dont les causes résident dans la gouvernance de politiques publiques erronées, corrompues et par des choix inadaptés, tels quel ceux de la spécialisation internationale. Mais cette analyse absout les PD en occultant, par exemple, le rôle de la colonisation, ainsi que les contraintes de l'ordre international et les erreurs des instances internationales comme ceux de la Banque mondiale, du PNUD (*Programme des Nations Unies pour le développement*) ...
- Pour l'analyse keynésienne, le sous-développement serait dû aux spécificités mêmes des PND où une forte croissance démographique

coexiste avec un système productif marqué par le dualisme d'une cohabitation entre un secteur moderne (*qui importe ses facteurs de production et ses équipements, sans effets d'entraînement sur le reste de l'économie*) et un secteur traditionnel (*avec ses techniques archaïques, à faible productivité*), sans lien entre eux (*faible demande de travail, faible revenu*). Avec comme conséquences :

- Une demande de travail des entreprises (*ou offre d'emploi*) qui augmente bien moins vite que l'offre de travail des salariés, de sorte qu'il en découle un chômage endémique ;
- Un faible niveau de salaire, lequel entretient une faible demande solvable et une faible épargne, qui, par suite, constituent des obstacles au financement de l'investissement par l'épargne et à la création d'un marché susceptible d'offrir des débouchés aux entreprises.

Les PND se trouvent ainsi plongés dans le cercle vicieux de la pauvreté. Mais cette approche, elle aussi, absout les PD en ignorant leurs responsabilités à l'égard des handicaps des PND ;

- L'analyse marxiste considère le sous-développement comme le fruit de l'exploitation des pays développés, à travers les termes de l'échange (*Les PED importent des biens à haute VA et exportent à faible VA)* d'où leur dépendance à l'égard des PD. En revanche, cette vision minimise les implications des facteurs internes, tels que les gouvernances locales et les traditions ;
- L'analyse « structuraliste », pour sa part, attribue le sous-développement aux structures mêmes des PED : désarticulation de l'économie où un secteur moderne cohabite avec le secteur traditionnel, sans effet d'entraînement entre les deux et elle aussi décharge les PD de leurs responsabilités.

De ces explications ressortent deux visions distinctes du développement. L'une prône le libéralisme économique qui fait du marché, de la libre entreprise, du productivisme et de la concurrence les déterminants du développement. L'autre met l'accent sur la structure sociale, les institutions, la gouvernance et la nécessité d'un État stratège. Or, au vu de la réalité, ces approches restent insuffisantes, et les inégalités, les injustices et la misère restent partout omniprésentes.

b) Caractérisation des PND

En général, les PND ne peuvent pas, par eux-mêmes, financer leurs activités, ni produire ce dont ils ont besoin. Ils se caractérisent par un retard de structuration de leur modèle sociétal $S_Y(X)$, par rapport à celui des PD.

Concrètement, l'espace des états internes des PND, que décrit la variable X, se traduit, certes sous diverses formes, par :

État interne

X (p, t, e)

- Une Population hétérogène à faible niveau de vie, de tradition orale et imprégnée de la pensée sacrée… (*une éducation plus traditionnelle et artistique que scientifique et technique*) ;
- Un Territoire peu aménagé dont les déficits en énergie, en infrastructures, en équipements collectifs… constituent des freins à l'accessibilité et l'attractivité du territoire ;
- Une Économie réduite à une économie désarticulée où l'agriculture et l'artisanat traditionnels (*à faible productivité*) cohabitent avec une hypertrophie du secteur public et, le cas échéant, des industries modernes (*multinationales*) sans effet d'entrainement.

Qui s'expriment par une faible accumulation du « capital » (*patrimoine, infrastructure, éducation, santé, compétences, actif financier…*), alors même qu'ils possèdent d'importantes ressources naturelles. Quant à la dynamique qui opère sur l'espace des états interne, elle se caractérise par :

Le moteur

Y (s, g)

- un déficit de maîtrise des sciences et de ses technologies, indispensables pourtant à la mécanisation de la production des richesses nécessaires au bien-être des populations ;
- une gouvernance défaillante. Dans ces pays, dépourvus de moyens financiers suffisants, trop souvent y règnent la corruption, le clientélisme, le despotisme de sorte que les inégalités, la pauvreté et l'insécurité sont omniprésentes.

Pour autant, le sous-développement ne rime pas, pour toute la population, avec pauvreté et faible niveau de vie. Les PND, qualifiés de pays en développement (PED) par les organismes internationaux, sont des pays de niveau et de mode de vie très différents, que l'on peut classer en 4 strates de niveau de développement :

(1) Les BRIC, pour Brésil, Russie, Inde et Chine. De pays industrialisés qui disposent d'une élite maîtrisant les sciences et les techniques et qui participent à la production mondiale des connaissances, mais que les PD leur reprochent l'insuffisance des libertés individuelles ou l'importance du totalitarisme, ainsi que des discriminations, des corruptions…

(2) Les nouveaux pays industrialisés (*NPI : pays émergents, Argentine, Chili, Mexique…*) qui sont très avancés dans leur industrialisation et dans leur rattrapage avec les pays développés. Leur taux de croissance (*économique*) est bien plus élevé que celui de PD et ainsi leur permet à la fois de satisfaire la demande de consommation et de combler leurs retards (*infrastructures, éducation, santé, logements…*) ;

(3) Les pays exportateurs de produits primaires à forte demande internationale, au point que leur balance courante est fortement positive et se traduit par leur autonomie financière (*indépendance financière de l'extérieur*), l'accroissement de leur masse monétaire qui booste la croissance ;

(4) Les pays les moins avancés (PMA), les plus pauvres, structurellement handicapés dans leur développement, puisqu'en général, leur Balance courante est négative et les rend dépendants financièrement de l'extérieur.

Aussi, hormis les BRIC qui présentent des voies de développement singulières, les situations des PND sont donc très variées et certaines convergent de façon erratique vers l'état de développement des PD et d'autres pas. Toutefois, il n'existe pas de corrélation avérée entre développement et institutions démocratiques, à l'exception de la pertinence de la gouvernance et de l'efficacité des appareils administratifs.

3. Les Voies de développement des PND

Les fondations de nos sociétés reposent toutes sur le même modèle capitaliste standard $S_Y(X)$ et leur développement est régi par l'existence d'une dynamique, empirique ou institutionnalisée, de création et de répartition de richesses qui entretient l'amélioration des conditions de vie, de cohésion sociale et de bien-être de la population. Toutefois, elles diffèrent par la nature de l'espace des états internes X et par la dynamique Y qui y opère, laquelle détermine la trajectoire de l'évolution que suit chacune d'elles dans l'espace des états internes. Ces sociétés, d'aspiration démocratique ou non, ne suivent pas les mêmes voies de développement dont il convient de distinguer celles des PD, qui relèvent d'une logique d'ajustement et d'adaptation, de celle, d'une part, des BRIC qui nécessitent la mise en œuvre d'une véritable gouvernance démocratique pour garantir les libertés et assurer le progrès social pour tous, et, d'autre part, de celle des PND qui réclament une logique d'apprentissage, de restructuration et de rattrapage où, comme l'atteste l'histoire du développement, la gouvernance démocratique n'est pas un préalable indispensable. L'histoire montre en effet que développement s'initie sous toute forme de régime, comme l'atteste le développement des PD et notamment de la Corée du Sud (1960 à 1980) dont le développement s'est initié sous une dictature. Par contre, depuis la révolution industrielle, aucun pays ne s'est développé sans un État stratège pour piloter le développement.

De par leur nature, les PND ont au moins un aspect qui reste très proche du modèle primitif traditionnel (*à faible productivité*) et le tableau suivant met en exergue leurs différences avec les PD :

		Société des PND	PD – Société industrielle développée
La dynamique Y(*g*, *s*)	Gouvernance et Culture	Société peu mécanisée à dominance clanique, communautariste, de culture traditionnelle et que régulent le « chef » et la tradition.	Société mécanisée (*automatisation en cours*) et démocratique (*liberté et égalité en droit et en devoir*) que régulent diverses instances.
	Sciences et Technologie	Complexe technique empirique, peu élaboré et à faible productivité.	Science et complexe technique rationalisés et à forte productivité. Réseaux de communication développés, numérisés, automatisés…
	Source des progrès	Empirique et aléatoire.	– Institutions démocratiques (*lois…*) ;

			– Science-Technologie (*Progrès technique*).
espace des états internes X(*p*, *t*, *e*)	Population et Territoire	Population plutôt rurale, attachée aux traditions, imprégnée de la pensée magique et dispersée sur un territoire peu aménagé : – Espérance de vie peu élevée ; – Faible mobilité géographique ; – Faible niveau de vie, d'éducation et de protection sanitaire et sociale.	Population peu rurale, attachée aux valeurs démocratiques et concentrée sur un territoire bien équipé et aménagé (*urbanisation* …) : – Espérance de vie élevée ; – Grande mobilité géographique ; – Niveau élevé de vie, d'éducation et de protection sanitaire et sociale.
	Économie	Économie désarticulée, peu industrialisée et de subsistance agricole et artisanale : – Énergie à dominance naturelle (*vent, eau, muscle*…) ; – Faible accumulation du capital ; – Faible division du travail (*cultivateur, artisan*…) ; – Marchés monétaire et financier peu structurés.	Économie monétaire de marché : industrielle, commerciale et financière : – Énergie secondaire (*fossile, électricité, nucléaire,*

		Dépendante des PD et des instances internationales pour s'industrialiser.	*renouvelable...*) ; – forte accumulation du capital (*Usine, machine, actif financier, brevets*) ; – Forte division du travail (*actionnaire-salarié : dirigeant, cadre, employé...*). Évolue mécaniquement avec la démocratie, la science et la technologie.

Contrairement aux PD, le développement des PND ne se réduit pas aux seuls problèmes de répartition et de croissance, certes qui peut être nécessaire pour assurer l'amélioration des conditions de vie, mais pas suffisant pour garantir une répartition équitable et juste. Et, aujourd'hui, vu sa complexité, le développement ne s'improvise pas, mais se calcule et les stratégies à mettre en œuvre sont très variées et dépendent des spécificités de chaque société. Tout revient, pour les PND, à créer et à institutionnaliser en leur sein une dynamique endogène de mutation et de progrès qui, via la création et la répartition de richesse, améliore les conditions de vie et le bien-être de la population, à rythme suffisamment élevé pour assurer la convergence par rapport aux PD. Mais les obstacles à surmonter sont très nombreux.

D'abord, les contraintes internationales, la mondialisation, l'accélération des progrès techniques, les réseaux sociaux et le mode de vie occidental placent le PND dans un contexte de développement difficile, que n'ont pas connu à l'origine les PD. Lesquels se sont industrialisés et développés lentement, à leur propre rythme, sans véritables contraintes internationales, ni démocratiques, et en bénéficiant d'un environnement propice. La soumission des salariés aux entreprises et les nouveaux outils de financement (*monnaie scripturale, Bourse, actions, obligation*...) ont répondu aux attentes du capital, et l'industrialisation leur a permis d'obtenir des taux de croissance deux à trois fois plus élevés que le rythme d'évolution de la population. Ainsi, ils ont pu satisfaire la pression de leurs besoins en développement, tant démographique que d'adaptation et de restructuration. Toutefois, aujourd'hui, les modes de production, de consommation et de calcul du PIB des PD sont remis en cause, notamment pour leurs effets pervers (*pollution, drogues*...) sur la santé et l'environnement. Un atout que peuvent exploiter les PND afin de concevoir un modèle écologique de société solidaire où l'économie serait décarbonée et respectueuse de l'environnement.

Puis, en plus de ces handicaps du contexte actuel de l'ordre international, les PND sont confrontés à de nombreux cercles vicieux qui font que le développement constitue pour eux un véritable défi. Par exemple, la faiblesse des capitaux, des revenus et de l'éducation, souvent conjuguée à une forte évolution démographique, limite de fait la demande solvable, l'épargne, la productivité du travail et, par suite, la production, l'investissement, l'emploi et les recettes fiscales, lesquels reproduisent alors la faiblesse des capitaux, des revenus et de l'éducation. Face à de forts besoins :

Forte croissance démographique → forts besoins

Forts besoins →
→ Consommation – Infrastructure
→ Emploi – Investissement
→ Éducation – Santé – Logement

Ils disposent de peu de moyens :

(1) $Faible\ éducation\ et\ revenu$
$\Rightarrow\ faible\ productivité\ et\ faible\ épargne$

(2) $Faible\ épargne \Rightarrow faible\ investissement$
$\Rightarrow faible\ emploi\ et\ faible\ revenu$

Ensuite, les comportements de leurs populations restent, à bien des égards, attachés à des traditions imprégnées de la pensée magique et, par conséquent, souffrent d'un déficit de rationalité qui conduit trop souvent à une remise en cause de la science. De plus, en ayant connaissance des droits universels et des standards de la vie occidentale (*liberté, égalité, sécurité, niveau de vie, santé, éducation...*), les populations des PND aspirent aux mêmes conditions d'existence qu'offrent les PD et, à cette fin, elles revendiquent l'accès à la connaissance, à la santé, à la sécurité, voire à la démocratie. Partout, en effet, la voiture, les équipements ménagers, le téléphone, l'ordinateur sont devenus des biens naturels de consommation, des biens que les PND ne peuvent pas fabriquer sans l'assistance extérieure. Ils ne disposent pas à cette fin des process et des brevets de fabrication, ni de l'accumulation suffisante du capital pour les produire et financer leurs activités. Pire, alors même qu'ils détiennent les principales ressources naturelles, indispensables aux économies des PD, les conditions des termes de l'échange les contraignent de plus en plus à s'endetter et rester dépendants des PD, notamment pour leur industrialisation, leur financement, les transferts technologiques et la formation professionnelle de leur population.

Enfin, comme l'atteste la réalité, les PND doivent avoir, au vu de leur démographie, des taux de croissance à deux chiffres pour être en mesure de se développer. Aucun pays, en effet, ne s'est à ce jour développé sans maîtriser les sciences et les techniques, s'industrialiser et avoir des taux de croissance de la production deux à trois fois plus élevés que celui de la population. Or, l'économie des PND reste pour l'essentiel traditionnelle, peu diversifiée, à la faible productivité. Par conséquent, dans ces circonstances, les PND ne sauraient réaliser de tel niveau de croissance sans s'industrialiser et, à cette fin, posséder une accumulation suffisante de capital, dont une « élite » scientifique et technique.

Concrètement, pour s'en sortir, les PND doivent transformer de façon appropriée leur espace des états internes de variable X (*population, territoire, économie*) et leur dynamique d'évolution Y (*gouvernance, science-technologie*). Dans cette perspective, la gouvernance doit être exemplaire et reposer sur des institutions opérationnelles et un État stratège au service de la construction d'une société moderne, prospère et solidaire. Un Projet de société conçu puis réalisé à partir :

(1) de ce que seront les sociétés développées dans 10, 20, 30 ans et que laissent entrevoir les perspectives de la science-technologie ;
(2) d'objectifs issus d'un état des lieux révélant les handicaps à surmonter et les atouts du développement à réaliser ;
(3) de la mise en œuvre d'une stratégie de transformation et de convergence qui permettent d'atteindre les objectifs et de façonner la société souhaitée.

Imaginer la société de demain est un travail prospectif de groupes d'experts. Certes, bien que ces spécialistes ne puissent pas être certains de ce que sera le monde de demain, ils peuvent néanmoins détecter, à travers les orientations géopolitiques et les activités de recherches, les éléments significatifs de ce que pourrait être le futur complexe technico-culturel. Le contexte actuel et la 3e RI (NBIC, écologie…) fournissent de nombreuses indications.

Aujourd'hui, d'un côté, la révolution industrielle en cours ouvre le champ des possibilités avec la microélectronique, de la biologie, de la chimie fine et de leurs dérivés (*informatique, Internet, NTIC, automatisme, robotique, intelligence artificielle, biotechnologie…*) et laisse entrevoir le programme de construction du complexe technico-culturel de la société de demain, un monde de réseaux, d'automatisation et d'intelligence artificielle durable. De l'autre, l'importance des inégalités et la prise de conscience des effets pervers du modèle de production et de consommation des PD interpellent. Les menaces du réchauffement climatique, la nécessaire préservation de l'environnement et le besoin de plus de solidarité se traduisent par des revendications de réformes sociales et par la contestation écologique de développement durable et de valorisation des énergies renouvelables, qui se heurte alors, au sein des PD, au capitalisme néolibéral qui exacerbe l'individualisme, le chacun pour soi et l'intérêt personnel. Or, ces contraintes de restructuration et d'adaptation des PD, handicapés par de puissants lobbies, sont, cependant, des atouts pour les PND. En effet, n'étant pas encore économiquement développés, ni industrialisés, ces territoires, où la solidarité à encore un sens, peuvent plus facilement concevoir leur modèle de développement sur les bases de la modernité, de la solidarité et de la protection de l'environnement. Le développement durable, les technologies « propres », les énergies renouvelables, la lutte contre le réchauffement climatique et des gaspillages, le traitement et le recyclage des déchets sont des atouts et objectifs qu'ils doivent savoir exploiter.

Nestor RADJOU est Docteur en Mathématiques de l'Université Pierre et Marie Curie et Docteur en Sciences économiques de l'Université Paris IX-Dauphine. Officier de l'Ordre national du mérite, conseiller Économique, Social et Environnemental au CESE à Palais d'Iéna à Paris de 2004 à 2010, auteur de nombreux articles économiques sur la thématique du développement dans les pays du plateau des Guyanes, il exerce aujourd'hui des activités d'expertise.

Article

Climate change and the development of tourism in West Africa, the example of Senegal

Mohamed KAYAL[96]

Résumé La majorité des scientifiques approuvent et reconnaissent l'existence des effets du changement climatique et sont conscients de l'intensité et des fréquences prévues sur le long terme et des résultats que l'année 2100 montrera.

L'objectif de cet article est de faire la lumière sur le secteur touristique du Sénégal en relation avec les effets du changement climatique sur ce pays.

Cet article expliquera également d'un point de vue théorique la spécialisation internationale du tourisme au Sénégal.

[96] Sorbonne University Abu Dabi.

Abstract Majority of scientists approve and acknowledge the existence of climate change effects and are aware of the predicted intensity and frequencies on the long term and results that the year of 2100 will be showing.

The objective of this article is to shed the light on the touristic sector of Senegal in relation with the climate change effects on this country.

This article will also explain from a theoretical point of view the international specialization of tourism in Senegal.

Introduction

Travel destinations are bound by the life cycle principle that was first explained by Butler[97].

In this principle, a destination starts by being explored with practically no services offered to tourists, then several actors take roles in the involvement and then development with more and more services and tailor-made activities being introduced, the local economy starts witnessing expansion until the phase of stagnation where competition from other destination is being felt.

The last phase determines the future: it might be a decline followed by a rejuvenation, or a final decline.

Travel destinations in this case, need, perhaps, to add a phase to this cycle: "adaptation to climate change" where they would consider, in advance, the negative impacts of climate change to their activities and eventual generated receipts that might be in danger.

Adaptation to climate change could be a series of investments that would impose to the destination a shift towards a new specialization

---

[97] Barcelona Field Study Centre, "The Butler Model of tourist resort development" [online], 2020, available on <https://geographyfieldwork.com/ButlerModel.htm>, (consulted on 03.02.2020).

when reaching the final phase of decline, or a series of adaptation measures that would delay the final phase of decline.

1. Climate change approach

A. Climate Change VS Global Warming

1. Climate Change

Climate change is a phenomenon that results in several effects, including global warming. This section will shed some light on the difference between warming and change before analyzing climate and economic indicators and looking at forecast assessments for 2050 and 2100 under multiple scenarios.

Climatology studies the structure and dynamics of the Earth's climate system. Its purpose is to understand how global climates maintain or change over time.

To this end, observations and theories from various fields are used. These are mainly meteorology, oceanography, physics, chemistry, etc. Added to this is the development of computer models of the climate system, which today constitute a pillar of climate research.

Some forms of air pollution, resulting from human activities, threaten to significantly alter the climate in the direction of global warming.

This phenomenon can cause significant damage: rise in sea level, accentuation of extreme climatic events (droughts, floods, cyclones), destabilization of forests, threats to freshwater resources, agricultural difficulties, desertification, reduction in biodiversity, spread of tropical diseases, etc.

In its assessment reports, the Intergovernmental Panel on Climate Change (IPCC) defines climate change as a change in climate that can be identified from statistical measurements.

This modification, which persists over long periods of time, leads to a destabilization of the variabilities and properties of the climate (Change, 2011)[98].

The IPCC is an organization initially established in 1988 by the United Nations Environment Program (UNEP) whose mission is to scientifically assess and synthesize technical, social and economic information (Weart, 2019)[99] on the evolution of the environment climate change.

It also studies the possible consequences of this change and proposes strategies and methods to limit them and adapt to the current consequences and in the medium and long term.

This organism demonstrates that the human factor is a determining element, thus proving that climate change is a consequence which is not only the responsibility of the natural factor.

To this definition of climate change, the 5th IPCC report adds the idea that it is extremely likely (with a confidence level greater than 95 %) that the influence of human activity is the primary cause of the climate change and that the impact felt in the 20th and 21st centuries is largely attributed to human responsibility (IPCC, 2014)[100].

According to the IPCC, climate change is accompanied by a disruption of the water cycle and an increase in the frequency and intensity of climate-related natural disasters (e.g., storms).

To this is also added a threat of disappearance of certain coastal areas such as coral reefs and / or certain beaches.

[98] Change, United Nations Framework Convention on Climate – 2011.

[99] WEART, Spence, "The Discovery of Global Warming" [en ligne]. Disponible sur <https://history.aip.org/history/climate/internat.htm#S9> (09.11.2019).

[100] GIEC. « 5e rapport du GIEC sur l'évolution du climat ». Disponible sur <https://www.ipcc.ch/report/ar5/syr/>, (consulté le 10.11.2019).

2. Difference with global warming

Many learners tend to fail differentiating between the phenomenon of climate change and the one of global warming. In simple words, climate change generates global warming.

This means that one is the result of the other, a consequence, an effect. Global warming is used generally to describe the increase of average temperature whereas climate change addresses, not only global warming but also extreme precipitations, droughts, etc.

Similarly to any particular phenomenon, international organizations are in charge of studying closely the current situation, effects, forecasts, problems and solution and for our case which is climate change, an International entity, being a body of the United Nations, has been implemented to observe and provide the international community with quantitative and qualitative data that would help forecasting and solving potential issues generated by the effects of climate change.

This organization is entitled the Intergovernmental Panel for Climate Change for which we will be referring to, in our paper, as the IPCC.

As per the IPCC climate change is defined as modification in climate that can be statistically identified – these modifications last for long periods, up to centuries and lead to destabilization of climate parameters and variabilities.

IPCC adds also that human activities play a major key role in intensifying the effects of climate change and the fifth report indicates a certainty rate of 95 % as per which human activity is the main and primary reason of climate change's effects in the 20th and 21st century.

B. Forecasts of climate change in the year of 2050

Articles and research papers are analyzing on a daily basis the projections of effects by 2050 and 2100 and majority of these publications are agreeing with IPCC reports that human activities are the main reason behind climate change, but unfortunately many people still believe that climate change isn't happening, some think that human interaction is not linked to intensifying its effects.

To prove first the existence of climate change we have thought of illustrating the evolution of global warming and temperature rising through a graphic which we have built using statistics from the World Bank.

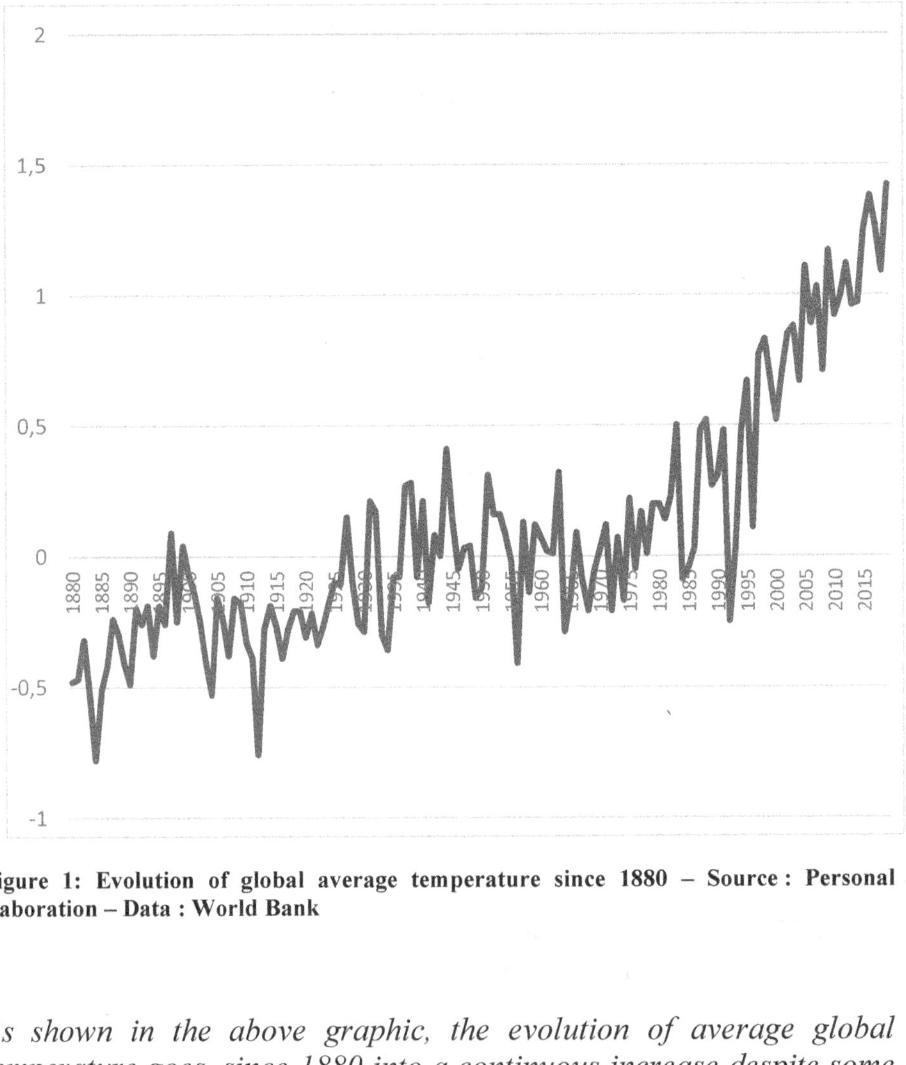

Figure 1: Evolution of global average temperature since 1880 – Source : Personal elaboration – Data : World Bank

As shown in the above graphic, the evolution of average global temperature goes, since 1880 into a continuous increase despite some decreases and despite some early climate cooling around the years of 1884 and 1912 where temperature were below -0.5 degrees Celsius.

In parallel with these trends, human interactions is proved to exist through analysis of Greenhouse gas emissions: Luthi and Etheridge *had conducted studies between 2008 and 2010 to demonstrate the general evolution of CO_2 emission in the air 800,000 year ago.*

With a continuous increase of CO_2 emissions and temperature warming, it will be challenging to meet 0 Greenhouse gas emissions by 2050 despite efforts from IPCC to mobilize world governments and international entities.

C. Economic indicators

In order to study climate change and its trends from an economic perspective, it is important to use indicators in this area.

It is thus possible to study the changes between the dimensions of these economic indicators on the one hand and those of climate change on the other in order to explain the link depending on the potential results.

An economic indicator is quantitative information that illustrates a certain dimension of economic activity in a specific sector.

These data are generally published on a regular basis by organizations specialized in collecting statistical research.

Being a reliable source of statistics providing economic indicators, the World Bank has been collecting quantitative information on development economics since 1944.

It will be necessary to study first the economic indicator of gross domestic product and second, analyze the indicator of job creation.

These two indicators will provide a fairly clear picture of the current economic situation, taking 2013-2018 as a reference period.

1. Gross domestic product

The gross domestic product (GDP) is one of the major benchmarks of a country's national status. It measures the economic output of a country and gives indications of standard of living and purchasing power.

The Bretton Woods conference in 1944 is the factor that made GDP the main tool for measuring a country's economy. But the history of GDP dates back to the 17th century when economist William Petty measured national income to present criticism of the state for raising taxes (Lepencies, 2013).

According to the World Bank, GDP is listed under the category of development indicators in the world and its latest updates date to October 28, 2019.

Data reflecting the annual GDP per capita for Senegal and Benin have been collected to construct Figure below.

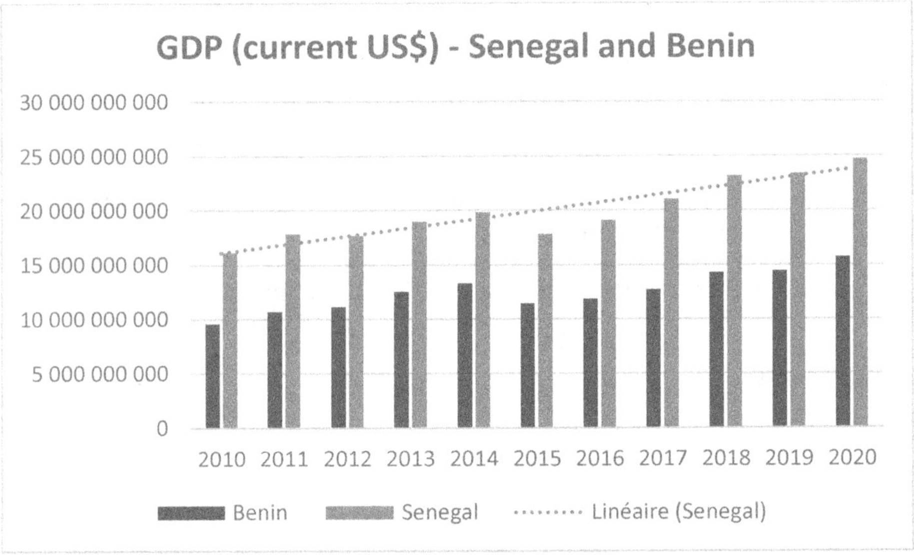

Figure 2 GDP (current US$) – Senegal and Benin, Source : Personal elaboration – Data : World Bank

According to the chart above, we witness a trend towards an increase in the last decade with a current GDP of 24,644,234.59 USD.

2. Job Creation

According to the latest figures from the World Bank updated on October 28, 2019, the general picture shows a trend towards an increase in terms of job creation in general and in the tertiary sector of services in particular.

It was possible to construct graph 3 below from data from the World Bank. Chart 3 shows a continuous increase since 2010.

Continuity between 2010 and 2016 however this indication doesn't give a full image about the entire sectors since, due to the economic situation that Senegal and many countries must have faced, some sectors might have had witnessed a decrease in employment rates.

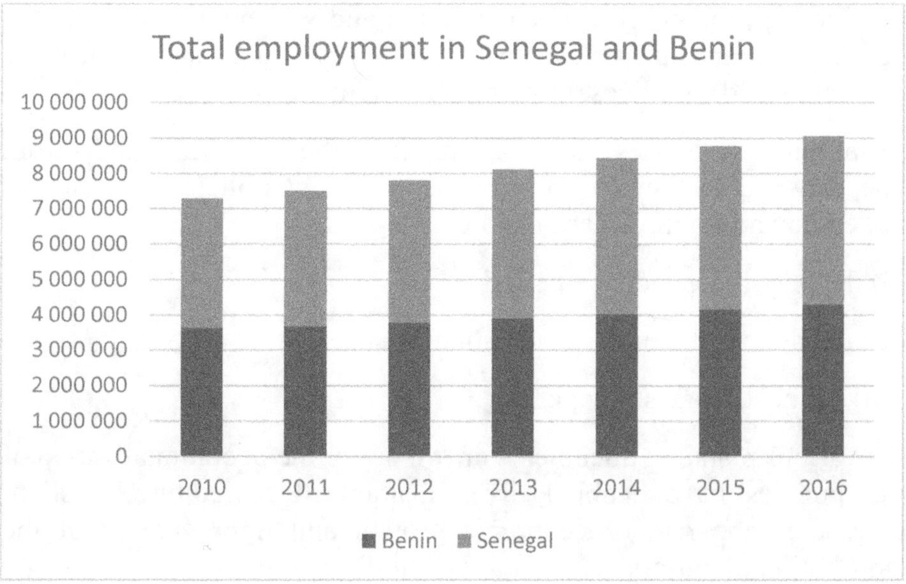

Figure 3 Total employment in Senegal and Benin, Source : Personal elaboration – Data : World Bank

D. Climate change in Senegal

Climatic hazards (droughts, floods, cyclones, sea level rise, extreme temperatures, etc.) have considerable repercussions on socioeconomic development.

In Senegal, climate change is an already sensitive threat and several facts can illustrate it: A drop in rainfall of around 300 mm in 30 years; More intense and shorter rains; An increase in temperature of about 1.7 C in 30 years; etc.

The negative impacts are also multiple: Advance of the sea; coastal erosion; desertification; reduction of mangroves; loss of arable land and pasture; reduced availability of water for irrigation, drinking and other productive activities, etc.

In addition to these challenges, there is the marginalization of certain social strata (especially women, children and vulnerable groups), who face formal and informal obstacles in accessing and controlling resources (land), services, government and markets.

To provide responses to this situation, the state initiated, from independence to the present day, development policies that can be broken down into three periods:

i) the post-independence period,

ii) the period of structural adjustments and

iii) the post-work-study period.

The various planning documents drawn up for the operationalization of said policies have enabled diversification of agriculture, a slight increase in the rate of economic growth and improvement of the contribution of agriculture to GDP, even if it still remains low.

However, these different policies are still struggling to significantly reduce the depth of poverty, which is likely to worsen with the consequences of climate change.

This report analyzes the context of Senegal's economic development by paying close attention to the issue of climate change and its impact on socio-economic development in general and on key sectors such as agriculture, livestock, fishing and tourism in particular.

It takes stock of knowledge on climate change and climate variability in Senegal and offers guidelines and recommendations for better taking into account climate change in development policies and plans, in order to strengthen the capacity for adaptation and resilience of the country.

The following figure represent a chart that illustrates the climate change situation in Senegal through the quantity of greenhouse gaz emited in the atmosphere between 2000 and 2018. To insist on the evolution, we have taken the example of the west african country Benin.

As per the collected statistics from the World Bank, we were able to identify information that would assist us in determining the evolution of greenhouse gaz emission in Senegal.

For instance, we are firstly able to identify an evolution towards an increase between 2003 and 2018.

The trend is clearly a continuous augmentation of CO_2 with more than 45 000 kt of CO_2 emitted in the Senegalese atmosphere in 2018 in comparison to less than 20 000 kt of CO_2 in the case of Benin.

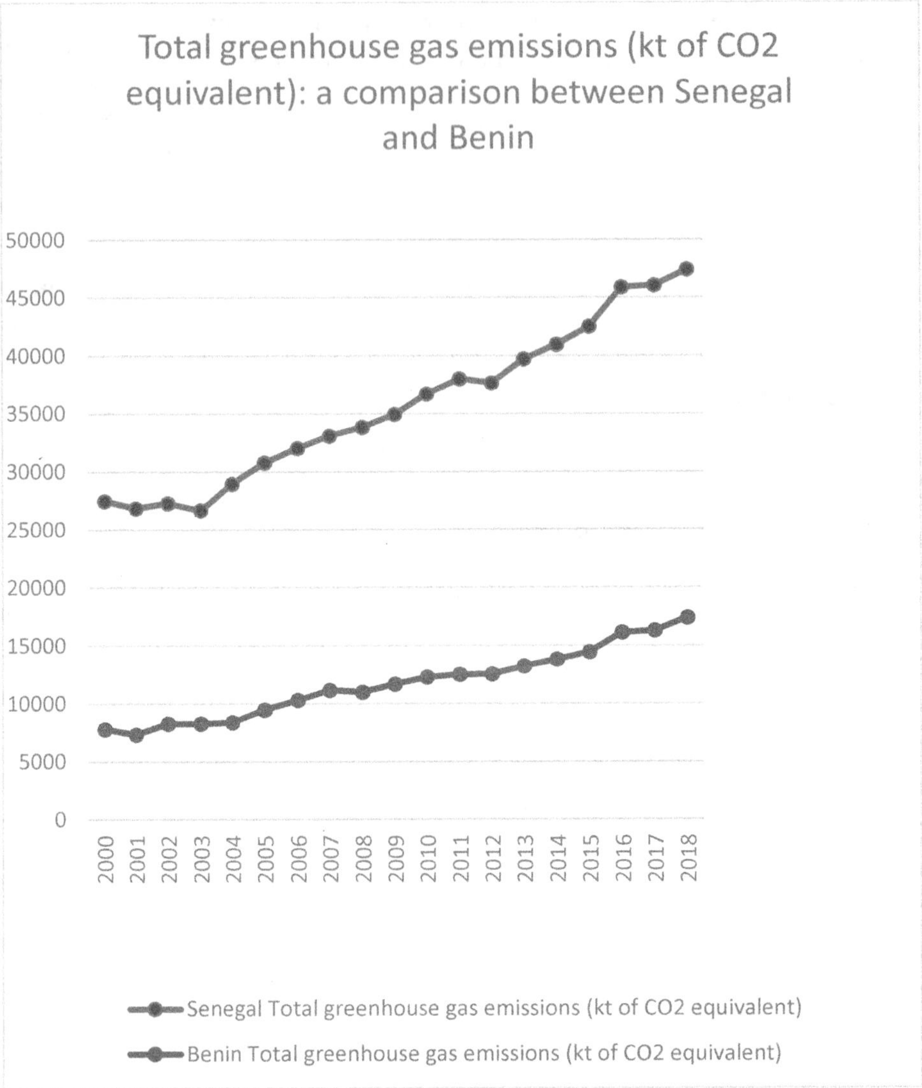

Figure 4: Total greenhouse gas emissions (kt of CO_2 equivalent): a comparison between Senegal and Benin, Source : Personal elaboration – Data : World Bank

As per a report from the American USAID, in Senegal, greenhouse gases emission represents more than 35 % in terms of emission provided from the agriculture sector followed by the energy, forestry, land-use change, waste and other industrial processes.

These emissions are represented in the below table:

Greenhouse gas emission	Sector
35 %	Agriculture
27 %	Energy
22 %	land-use change
9 %	Forestry
7 %	Waste and industrial processes

Figure 5: Greenhouse gas emission by sector in Senegal in 2016; Source : Personal elaboration – Data : USAID

3. Touristic approach

A. Theoretic concepts

An identification of the economic theories of supply and demand is necessary. It will make it possible to validate the explanations of the evolutions in terms of tourist flows and receipts.

Thus, for each theory, a study will be carried out from the angle of tourism transformations on the one hand and from the climatic point of view on the other.

It is important to remember that the international economy is organized according to two dominant theories: the theory of supply and that of demand.

The first will be treated in three sections forming a chapter which will cover absolute advantage, comparative advantage, and the theory of factor endowments.

The fact of studying the theories of the international economy will make it possible to demonstrate if the theoretical explanations are still valid to explain the evolutions which were developed in the chapter concluding the first part.

Thus, indications will show which theories are the most efficient in terms of numbers of tourist arrivals and in terms of revenue generated. If necessary, the explanatory factors will be studied.

In his work *Research on the nature and causes of the wealth of nations*[101], it is explained that absolute advantage represents the ability for a country or company to produce a greater amount of a certain product or service using the same amounts of labor.

Countries which specialize in activities where they are "better" in absolute terms than other countries have an absolute advantage[102].

It is thus possible for all nations to become rich while having absolute advantages because the export of one country represents the import of another country.

David Ricardo introduces a new theory 40 years later in his work entitled *The Principles of Political Economy and Taxation*[103] by indicating that two countries can trade and grow their wealth without absolute advantage.

Ricardo, in the same context studies the mechanism of free trade between two countries and indicates that nations can exchange products and services for which they have a comparative advantage.

Following the economic theories of David Ricardo and Adam Smith, the Swedish economists Heckscher and Ohlin develop a model which has its source in the analyzes of the Classics and especially those of David Ricardo.

---

[101]Adam SMITH, *An inquiry into the nature and causes of the wealth of nations*, London: W. Strahan and t. Cadell, London, 1776, 754 p.

[102] R. CAMAGNI, "Territorial competitiveness, local environments and collective learning: a critical counter-reflection", *Revue d'Économie régionale et urbaine*, [online], 2002, available at <https://www.cairn.info/revue-d-regional-and-urban-economy-2002-4-page-553.htm>, (consulted on 05.17.2020).

[103] David RICARDO, *On the Principles of Political Economy and Taxation*, London: John Murray, Albemarle-Street, 1817, 333 p.

The designers of the Heckscher-Ohlin model conducted research in 1933 to prove the presence of different types of factor endowments[104].

The purpose of this research was to explain the mechanism of international exchange. This model will be completed by Paul Samuelson in 1941 and will therefore give rise to the theorem known today by the abbreviation of HOS (Heckscher-Ohlin-Samuelson).

B. Tourism in Senegal

1. A general overview

The development of the tourism sector in Senegal is recent. It began ten years after independence (in 1970), and essentially took place in three phases which are:

1970 to 1980: Inception phase

The year 1970 is that of the definition of the first tourist policies under the leadership of the State. In summary, these policies are as follows: planning objectives, defining priority areas, decentralization in order to control the pace of tourism development. During this period, charters were absent from the Senegal destination. So, it was the seat-block transport that helped fill the hotels.

1980 to 1990: Launch phase

From the 80s, a real promotion of tourist activity began. Indeed, the Senegalese State proceeded during this period to the study of major developments (creation of dedicated areas, study of a charter policy, etc.).

And this is precisely what allowed the country to make its entry into mass tourism.

1990 to 2000: Development phase

---

[104]MATUSZ, S.J. "The Heckscher-Ohlin-Samuelson Model with Implicit Contracts." *The Quarterly Journal of Economics* [online], 1985, available at <doi: 10.2307 / 1885685>, (consulted on 05.17.2020).

With all the promotional efforts of previous years, Senegal has experienced a remarkable boom in its tourism sector. This is how we are witnessing a remarkable evolution of the sector. Also, the country goes from a classic destination to a so-called charter destination. This is due to the State's awareness of the big stake in the sector. Since 2000 to the present day, the sector has gone through a phase that is rather complex to describe. This development, which should continue, was blocked in the aftermath of the events of September 11.

This plunged the industry into three years of stagnation. From 2004 onwards, activity seems to rebound, but with a pace that is not encouraging enough, or even worrying. Beyond all these phases, the sector is also part of a context: of political stability and will, the fight against poverty, the growth of African tourism, then a very competitive international context.

To illustrate the touristic development in terms of numbers in Senegal, we thought to collect data from the World Bank with regards to the number of arrivals of international tourists between 2011 and 2017.

The general trend in the below figure 6 is directed towards an increase despite selective anomalies. For instance, noting that the evolution towards an increase, Senegal has witnessed a decrease in the number of international tourists' arrival between 2013 and 2014 with a shy increase starting 2014.

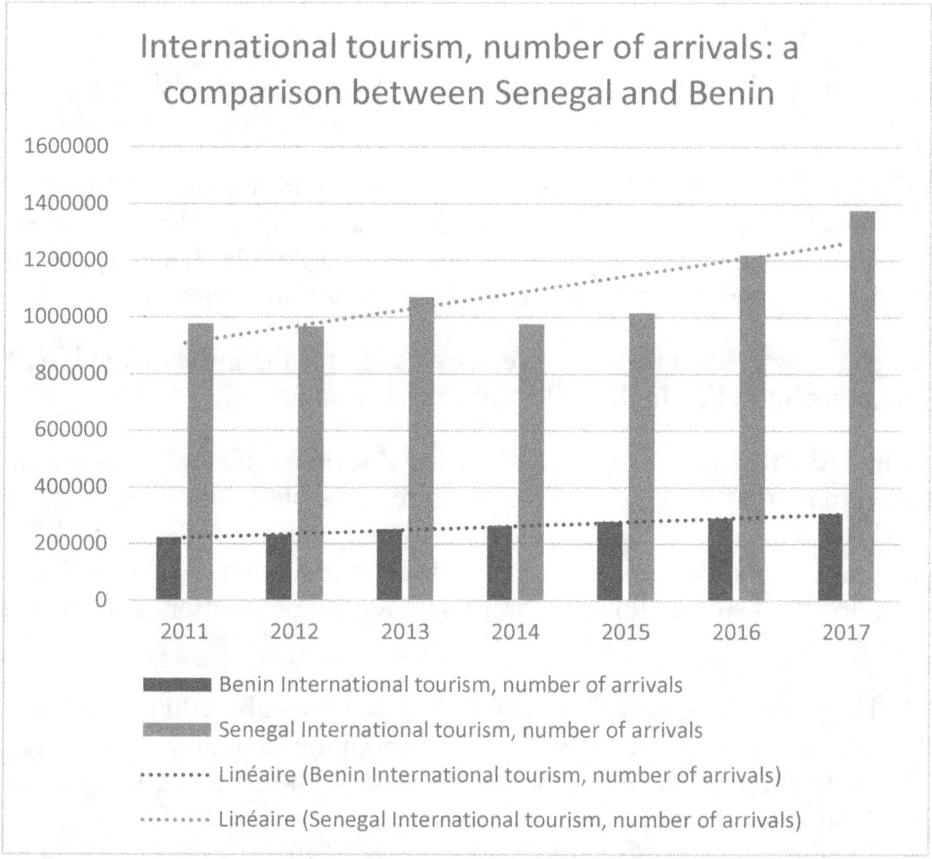

Figure 6 International tourism, number of arrivals : a comparison between Senegal and Benin – Source : Personal elaboration – Data : World Bank

2. The strengths and handicaps of tourism

a) The strengths of the sector

On the international tourism market, Senegal has real comparative advantages:

- sunshine (one of the sunniest countries in the world),
- 500 km of beaches, stretch of coastline,
- proximity to European markets (main source markets),

- quality of welcoming populations.

The peculiarities of its sites can also be considered as basic assets. In the tourism sector, Senegal has three important bodies which are:

The ANPT: Born of a long process of reflection and within the framework of a high-end tourism in Senegal, the ANPT is a new autonomous agency created by the decree n° 2004-121, which is placed under the authority of the Minister responsible for tourism.

Today it represents the structure responsible for the implementation of government policy in the fields of tourism promotion.

The SAPC0-Senegal: According to the powers conferred on it by the Government of Senegal, it is the organ responsible for the development and promotion of the coasts and tourist areas of Senegal. It is responsible for identifying areas with high tourist potential, carrying out development studies for these areas, and looking for national or foreign investors.

APIX is an autonomous structure created in July 2000, the main objective of which is to assist the President of the Republic in the design and implementation of the policy defined in the areas of investment promotion and major works.

The missions assigned to APIX are improving the business environment in Senegal, promoting Senegal as an investment destination, researching, and identifying national and foreign investors, then following up on contacts and evaluation of investment projects.

Thus, it provides investors with economic, commercial, and technical information on the identified priority sectors, welcomes them and supports them at all stages of the investment, and finally assists them in all administrative formalities.

b) The sector's handicaps

Several structural constraints still prevent the development of a real tourism industry, still planned in Senegal. These constraints are of several kinds and very numerous, that we cannot enumerate them all.

Anyway, we have organized them around thirteen main points which are:

– The insufficiency of reliable and relevant information on the sector: All the published statistics which must be used to conduct the analyzes, come exclusively from samples and figures obtained only at border posts (airport and port).

– An infrastructural deficit: Today there are many sites which need to be renovated or even developed. However, the sector does not have concrete development plans or policies for this. Only one tourist area has been correctly identified and it consists of the region of Gorée.

– Air transport: Senegal has a good situation in relation to the major flows of air transport and efforts have been made to better serve the country by regular flights and charters.

At present, it is clear that the cost of air transport is still a brake on the development of Senegalese tourism. The air transport crisis has not spared the region, after the disappearance of large companies such as Air Afrique, Sabena and Swiss Air.

Since then, national companies like Air Senegal, and charter companies have very quickly positioned themselves to fill the deficit of seats, or tourist arrivals in the region.

– Lack of involvement of nationals: The Senegalese themselves invest very little in tourism and then the populations are less present in the sector: which means that they are not beneficiaries as they should be. This sector has so far developed mainly on the basis of foreign investments (more precisely, mainly French).

– Insufficient tourism promotion: The promotion of the Senegal destination suffers not only from problems of organization, efficiency, lack of visibility, but also the low level of the tourism promotion fund.

– The lack of diversification of the product: There are particular periods for the practice of tourism: the low season (from May to October) and the high season (November to April). 70 to 75 % of tourist flows take place during the period November-May because the latter corresponds to the European winter.

This results in a problem of hotel under capacity during this period and implicitly a problem of overcapacity the rest of the year. This further aggravates the seasonality.

– Insufficient qualified human resources: Tourism and hotel training is provided in the country by ENFHT and a few private schools such as ESTH0S. The supervisory staff is often trained outside the country (Europe, USA, etc.) with Bac + 4 or 5 diplomas; however, it ignores the very realities of tourism in Senegal.

4. International specialization of tourism in Senegal and climate change effects

As explained in the previous section, Senegal has a comparative advantage, thus in order to understand the outcome from the possibility of development of the touristic specializing in Senegal based on the comparative advantage factor, we will need first to explain the theory of comparative advantage as per its author, and then study it from the touristic perspective followed by an analysis from the climate change view angle.

The comparative advantage is formulated by the specialization in a production of a certain good or service for which a country has a high productivity or a lower productivity in comparison with the adversary countries, by increasing its wealth.

This economic theory of international trade with which the economist Adam Smith is directly associated was indeed discovered two years before the theory of David Ricardo by Robert Torrens[105].

A. Ricardo's model

In this section, it is important to define the theory of comparative advantage from David Ricardo's point of view. This economist

[105] Robert TORRENS, *An essay on the external corn trade*, London: Hatchard, 1815, 370 p.

explained this model in 1817 through his theory which followed the anti-protectionist ideology of Adam Smith.

This theory was explained in the work entitled *The Principles of Political Economy and Taxation*[106] published two years after the explanations of Robert Torrens. In Ricardo's model, nations are assumed to differ only in their ability to produce. This explains the introduction of the principle of comparative advantage and the idea of comparison.

But when a definition of comparative advantage arises in terms of production differences, confusion with Adam Smith's absolute advantage arises because comparative advantage is a logical evolution of David Ricardo's absolute advantage.

In order to understand this, it is necessary to present an illustration with a quantitative example:

The United States produces a large quantity of corn compared to Switzerland which produces more watches compared to the United States. In this specific case, economists explain that Switzerland has an absolute advantage in watch production and that the United States has an absolute advantage in corn production.

If the United States concentrates on corn production and Switzerland only produces watches, then the resources could contribute to larger productions.

With higher production and getting involved in the structure of international trade, the two countries could find themselves with more commodities to trade – this is what economists identify as a comparative advantage.

But what would be the situation if the United States produced both watches and corn in large quantities while having a comparative advantage in the production of both goods?

[106] David RICARDO, *On the Principles of Political Economy and Taxation*, London: John Murray, Albemarle-Street, 1817, 333 p.

Ricardo's research indicates that a country could have a comparative advantage in both goods and that this could be advantageous for other countries in the international trade arena as well[107].

For Ricardo, the demonstration is as follows: if Portugal and England each specialize in the production of a specific good and concentrate their productivity with the aim of exchanging internationally, then the two countries will benefit from a larger quantity after exchange.

Ricardo demonstrated that specialization should take place in the production of the good for which the country has a comparative advantage, and for this it is necessary to focus the comparison on production costs.

A country has a comparative advantage in the production of the fabric if it has a lower opportunity cost than another country for the unit production of the fabric.

To explain this, for a country that produces not only fabric but also wine, the opportunity costs for producing the fabric would be the number of units of wine that the country would not have produced in order to produce more tissue.

England therefore has a comparative advantage in the production of fabric over Portugal, on the sole condition that England ceases to produce wine and that the quantity of wine it would have produced is less than that which would have been produced by Portugal.

The complexity of this example leads to explain that in Ricardo's model, countries can contribute to international trade with a comparative advantage for which they have a greater or lesser opportunity cost to their disadvantage, and this in comparison to their partners.

B. Interpreting the theory in the tourism sector

After having defined the theory of comparative advantage and having illustrated it with classic and concrete examples, it is essential to continue, as for the theory of absolute advantage, and to develop a link with the tourism sector.

---

[107] BERNANKE (B.), "Ricardo's theory of International trade" [online], 2019, available at <https://critiqueofcrisistheory.wordpress.com/ricardos-theory-of-international-trade/#fn2> (accessed on 28.12. 2019).

In his work entitled *Economics and politics of international tourism*[108], the author indicates that the know-how, the technology as well as the infrastructures represent a comparative advantage for some countries.

From this analysis, it is understandable that, in order to have a successful tourism experience, the host country must equip itself with a developed infrastructure and know-how.

These components, before other factors, form the profile of the country which aims to be touristy. In addition, they differentiate countries from each other and therefore give them a comparative advantage over other nations.

It is explained in the article entitled "Comparative advantage"[109] that lower acquisition costs of goods represent a comparative advantage for tourist countries.

This article also shows that innovation contributes to the formation of this advantage, this is for example the case of Disneyland in its inauguration phase.

These two scientific references show that the link between the tourist sector and the comparative advantage is established from the tourist services for which the tourist travels.

A country that maintains its infrastructure will be able to register an increase in tourist arrivals and maintain superior results while generating revenues and profits.

Thanks to the know-how and the manpower, this country can also offer a service satisfactorily or offer a greater quantity of this service while a less quantity is offered elsewhere.

C. Interpreting the tourist comparative advantage with the effects of climate change

---

108 François VELLAS, *Economics and politics of international tourism*, Paris, Economica, 2007, 323 p.

109 ZHANG J. & JENSEN C., "Comparative Advantage", Annals of Tourism Research [online] 2006, N.34, p. 223-243. Available at <https://sci-hub.tw/https://doi.org/10.1016/j.annals.2006.08.004> (accessed on 12/29/2019).

A definition of the theory of comparative advantage was presented and a comparison with that of absolute advantage was made.

In addition, a tourism service approach was carried out in order to study this theory from the service point of view, since these theories generally apply to international trade in goods.

Although several factors such as economy and competition may have effects on the comparative advantage in tourist countries, this section will only focus on what climate change and its effects are altering in the structure of the tourist country endowed with a comparative advantage.

It is important to remember that a high-level infrastructure, know-how as well as the availability of a certain tourist good at a lower price offer a comparative advantage.

The world is heading for rising sea levels, heavy rainfall, and other effects such as droughts and heat waves leading to high levels of mortality[110].

Both sea level rise and heavy rainfall are linked to greenhouse gas emissions.

This has always been a topic of discussion at conferences of the meetings of the parties (COP) where member countries as well as scientists seek to reduce and eliminate the emission of these gases.

These gases, once emitted, remain for thousands of years in the atmosphere and in the oceans, which absorb and store the CO_2 emitted by humans[111] creating a warming of the planet and the oceans.

This phenomenon contributes to the increase in the acidity of the oceans. According to some research, this acidity does not represent a danger for seaside tourist activities.

---

[110] The Observer, "Global warming: 150,000 deaths in Europe each year by 2100". [online] 2017. Available at https://www.nouvelobs.com/planete/20170805.OBS3022/rec chaudement-climatique-150-000-morts-en-europe-chaque-annee-d-ici-a-2100 .html, (accessed on 12/30/2019).

[111] Michael KELLER, "Ocean sink for man-made CO_2 measured", ETH Zurich [online], 2019. Available at <https://ethz.ch/en/news-and-events/eth-news/news/2019/ 03 / ocean-sink-for-man-made-CO2.html>, (accessed on 11/13/19).

This heating creates an expansion of the water: the molecules subjected to the heat stir and move away from each other, creating an effect of destabilization of the volume which they occupied in equal numbers.

In addition, temperature increases will threaten glacial melt which will directly raise sea level.

These causes will result in the rise in sea level which will destabilize the theory of comparative advantage.

If the comparative advantage of one tourist country over another is represented by its infrastructure, how will it be able to act in the face of the dangers of rising sea levels posed by climate change?

Today, many countries are investing in improving their infrastructure to cope with current flooding problems caused by rising sea levels and heavy rainfall.

Many countries are considering investing in preventive measures to protect their infrastructure in advance from the danger of climate change.

But the least developed countries have neither the means to face an immediate danger nor that of launching prevention programs to avoid the impacts of the effects of climate change on the medium and long terms.

For example, the city of Venice continues today to invest in the (MOSE) project, the aim of which is to protect the city against flooding and limit the economic losses which to date amount to one billion dollars euros[112], despite the delay in the construction of the project since 2003 and rumors of corruption.

Conversely, an island city like Port-au-Prince in Haïti could certainly not cope with the natural and economic damage from the effects of climate change.

---

[112] BBC. (2019, December 17). « The fight to stop Venice from flooding ». Retrieved from BBC: https://www.bbc.com/news/av/world-europe-50814519/the-fight-to-stop-venice-from-flooding

Conclusion

The theory of comparative advantage implies an international specialization of countries in the production of the services for which they are the most efficient (Hisanaga, 2007)[113].

The relative cost of production is an important factor because countries will have an interest in specializing in the production of services at a lower cost than abroad.

These are usually qualitative factors such as value for money, which play an essential role in comparisons (Combe, 2011)[114].

The difficulty of applying Ricardo's approach to explain the tourist specialization of countries leads to study the analyzes of Lassudrie-Duchêne.

His study focuses on the international division of tourist productive processes that integrate traditional production factors (labor and capital) as well as the factor in natural tourism resources and historical and cultural heritage (Lassudrie-Duchêne, 1982)[115].

The consequences of climate change are forcing some countries to invest in adaptation measures.

In general, these investments include the acquisition and installation of snow cannons as well as additional consumption of water and energy.

These investments have economic repercussions because the costs generated by artificial snowmaking are considerable.

---

[113] HISANAGA, Makoto, "Comparative Advantage Structure of US International Services", Research Gate, [online], 2007, available at <https://www.researchgate.net/publication/5161683_Comparative_Advantage_Structure_of_US_International_Services/citation/download>, (accessed on 04/23.2020).

[114] Emmanuel COMBE, « La compétitivité par la qualité », [online], 2011, available at <fondapol.org/wp-content/uploads/2011/10/La-competitivite-par-la-qualite.pdf>, (consulted on 23.04.2020).

[115] LASSUDRIE-DUCHÊNE B. "International decomposition of productive processes and national autonomy", 1982, *in* BOURGUINAT H. *Internationalization and decision-making autonomy*, Paris, Economica, (consulted on 04.23.2020).

The National Observatory on the Effects of Global Warming presented in a report the methods of costing the impacts of climate change (ONERC, 2008)[116].

Analysis of this report shows that there are two different costs. These are distributed according to the nature of the action in the face of the impact of climate change.

These are direct costs (investments in protective measures) and general costs for improvements (ONERC, 2008).

In 2015, the World Bank estimated that the additional cost of new investments in adaptation or protection against the effects of climate change was $ 35 billions per year (UNESCO, 2017)[117].

These additional costs will be borne by the tourist and this calls into question the theory of comparative advantage through analyzes of climate change and its consequences on tourism.

References

BBC. (2019, December 17). "The fight to stop Venice from flooding". Retrieved from BBC: https://www.bbc.com/news/av/world-europe-50814519/the-fight-to-stop-venice-from flooding

BERNANKE. (2019, December 08). "Ricardo's Theory of International Trade". Retrieved from Critics of Crisis Theory: https://critiqueofcrisistheory.wordpress.com/ricardos-theory-of-international-trade/#fn2

[116] ONERC, "Impacts of climate change, adaptation and associated costs in France", [online], 2008, available at <https://inis.iaea.org/collection/NCLCollectionStore/_Public/42/026/42026806.pdf>, (consulted on 04.23.2020).

[117] UNESCO, "The cost of adaptation to climate change could reach 100 billion dollars per year", [online], 2017, available at http://www.unesco.org/new/fr/natural-sciences/environment / water / wwap / facts-and-figures / all-facts-wwdr3 / fact-12-cost-of-adaptation /, (accessed 23.04.2020).

CAMAGNI, R. (2002). « Compétitivité territoriale, milieux locaux et apprentissage collectif : une contre-réflexion critique ». *Revue d'Économie régionale et urbaine*, 553-578.

CENTRE, B. F. (2020, 01.24). "The Butler Model of tourist resort development". Retrieved from Geography Field Work: https://geographyfieldwork.com/ButlerModel.htm Change, U. N.

(2011). *https://unfccc.int/files/press/backgrounders/application/pdf/press_factsh_science.pdf.*

IPCC. (2014). "5th report about climate change evolution". Retrieved from IPCC: https://www.ipcc.ch/report/ar5/syr/

L'OBSERVATEUR. (2017, août 05). « Réchauffement climatique : 150 000 morts en Europe chaque année d'ici à 2100 ? » Retrieved from *L'Observateur* : https://www.nouvelobs.com/planete/20170805.OBS3022/rechauffement-climatique-150-000 morts-en-europe-chaque-annee-d-ici-a-2100.html

LUETSCHG, M. (2005). Permafrost evolution in the Swiss Alps in a changing climate and the role of the snow cover. *Norwegian Journal of Geography*, 78-83.

LUTHI, D. e., & Etheridge, D. e. (2008, 2010). *Vostok ice core data.*

MATUSZ, S. J. (1985). "The Heckscher-Ohlin-Samuelson Model with Implicit Contracts." *The Quarterly Journal of Economics*, 100(4), 1313.

RICARDO, D. (1817). *On the Principles of Political Economy and Taxation.* London: John Murray, Albermarle-Street.

SMITH, A. (1776). *An inquiry into the nature and causes of the wealth of nations.* London: W. Strahan and t. Cadell, Londres.

STEIGER, R. &. (2019). "Ski tourism in a warmer world: Increased adaptation and regional economic impacts in Austria". *Tourism Management.*

TORRENS, R. R. (1815). *An essay on the external corn trade.* London: J. Hatchard.

USAID. (2016, December 31). *Greenhouse Gas Emissions Factsheet: Senegal.* Retrieved from Climate Links – USAID: https://www.climatelinks.org/resources/greenhouse-gas-emission factsheet-senegal

VELLAS, F. (2007). *Économie et politique du tourisme international*. Paris: Economica.

ZHANG, J. & JENSEN, C. (2007). "Comparative advantage". Annals of Tourism Research, 223-243.

HISANAGA, Makoto, "Comparative Advantage Structure of US International Services", Research Gate, [online], 2007, available at <https://www.researchgate.net/publication/5161683_Comparative_Advantage_Structure_of US_International_Services/citation/download>, (accessed 04/23. 2020).

COMBE, E., « La compétitivité par la qualité », [online], 2011, available at <fondapol.org/wp-content/uploads/2011/10/La-competitivite-par-la-qualite.pdf>, (consulted on 23.04.2020).

LASSUDRIE-DUCHÊNE, B. "International decomposition of productive processes and national autonomy", 1982, *in* BOURGUINAT, H. *Internationalization and decision-making autonomy*, Paris, Economica, (consulted on 04.23.2020).

ONERC, "Impacts of climate change, adaptation and associated costs in France", [online], 2008, available at <https://inis.iaea.org/collection/NCLCollectionStore/_Public/42/026/42026806.pdf>, (consulted on 04.23.2020).

UNESCO, "The cost of adaptation to climate change could reach 100 billion dollars per year", [online], 2017, available at http://www.unesco.org/new/fr/natural-sciences/environment / water / wwap / facts-and-figures / all-facts-wwdr3 / fact-12-cost-of-adaptation /, (accessed 23.04.2020).

Mohamed KAYAL is a Doctor in Economics and Lecturer at the University of Sorbonne Abu Dabi. These works treet about international tourism. He practises his activities of research and teaching at Abu Dabi.

Amazonie

 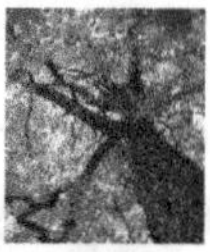

Article

Le mystère du capital : un regard à travers l'indivision successorale en Amazonie française et dans l'océan Indien

Chantal PRÉVOT[118]

Résumé Dans les pays d'Amazonie, il est d'un usage courant d'appréhender les problèmes de développement par le manque de richesse en capital en soulignant que les populations ne disposent pas de patrimoine. Or, force est d'observer l'importance de l'existence de biens comme l'ont souvent souligné les économistes comme Fernando de Soto dans les Andes. En effet, le capital est bien présent sous des formes patrimoniales diverses, mais les procédures légales et la législation, lorsqu'elles existent, sont inconnues des habitants à cause des croyances ancrées dans la tradition. Les pratiques informelles prennent le dessus.

L'Amazonie française n'échappe point à cette donne, en dépit de son intégration à l'Europe. Les problèmes de transmission du patrimoine entre les générations sont aux prises avec la durabilité du capital que détiennent les populations pour assurer la pérennité économique.

L'objectif de cet article est d'apporter un éclairage sur la transmission du capital dans un contexte de sous-développement de la richesse des populations. On restera sous l'angle du droit privé qui régit l'indivision en France, de surcroît en Guyane française.

[118] Consultant en droit notarial.

Abstract In the Amazon countries, it is common practice to understand development problems in terms of the lack of capital wealth, emphasising that the populations have no assets. However, it is necessary to observe the importance of the existence of assets, as economists such as Fernando de Soto have often stressed in the Andes. Indeed, capital is present in various forms of property, but legal procedures and legislation, when they exist, are unknown to the inhabitants because of beliefs rooted in tradition. Informal practices take over.
The French Amazon is no exception to this, despite its integration into Europe. The problems of intergenerational transmission of heritage are grappling with the sustainability of the capital held by the populations to ensure economic sustainability.

The objective of this article is to shed light on the transmission of capital in a context of underdevelopment of people's wealth. We will remain under the angle of the private law that governs undivided ownership in France, and moreover in French Guyana.

Introduction

L'indivision successorale est la situation juridique qui existe du décès de l'individu jusqu'au partage de la masse successorale entre les héritiers qui disposent de pouvoirs concurrents dans cette masse[119]. Lorsque le défunt laisse plusieurs héritiers, ceux-ci se trouvent en situation d'indivision par le seul fait du décès. Chaque héritier est également indivisaire et dispose d'une fraction abstraite de chacun des biens constituant la masse successorale[120]. Les droits des coïndivisaires sont de même nature. L'indivision se clôt par le partage qui permet de déterminer les droits privatifs de chaque héritier sur les biens successoraux. Cependant, les héritiers n'étant pas tenus de mettre fin à l'indivision, certaines indivisions peuvent durer de nombreuses années. Le législateur a aménagé la période d'indivision et l'a encadrée de règles légales. Ces règles ne sont pas impératives et les héritiers peuvent se mettre d'accord, d'aménager l'indivision par des conventions.

---

[119] *Les successions ; Droit patrimonial de la famille, livre 2*, M. Grimaldi, 2018-2019.
[120] *La gestion de l'indivision successorale*, N. Couzigou-Suhas, P. J. Claux ; AJ Famille, p. 313, 15 septembre 2006.

Le régime légal[121] détermine les droits et obligations des indivisaires ainsi que les règles de pouvoir qu'ils ont sur les biens successoraux. L'un des principes directeurs est la précarité de l'indivision. Selon l'article 815-1 du Code civil, « nul ne peut être contraint à demeurer dans l'indivision, et le partage peut toujours être provoqué, à moins qu'il n'y ait été sursis par jugement ou par convention ». La loi du 23 juin 2006 a mis fin à la règle de l'unanimité entre les coïndivisaires pour accomplir les actes d'administration et de disposition. Un indivisaire peut donc accomplir certains actes seul, ou avec le consentement de la majorité des indivisaires. D'autres actes restent soumis à l'unanimité. Un indivisaire peut accomplir seul des actes conservatoires, qui sont des actes matériels ou juridiques qui sont destinés à éviter la perte d'un bien (article 815-2 du Code civil). Les actes, qui nécessitent la majorité des indivisaires, concernent les actes d'administration et de disposition énumérés à l'article 815-3 du Code civil. Il s'agit des actes sur la vente de meubles indivis, la conclusion et le renouvellement de baux autres que ceux portant sur un immeuble à usage agricole, commercial, industriel ou artisanal. Cependant, certains actes restent soumis à l'unanimité.

C'est-à-dire que le consentement de tous les indivisaires reste requis pour certains actes. Ces actes jugés graves sont les actes de disposition sur des biens indivis immobiliers (article 815-3 alinéa 7 du Code civil). Après le décès et après avoir accepté la succession, avant le partage des biens du défunt, les héritiers sont en indivision. La vente ou le partage[122] d'un ensemble de biens immobiliers détenus en indivision ne peut se faire qu'à l'unanimité de tous les indivisaires. Mais dans certaines Collectivités d'outre-mer, les indivisions successorales durent plus de dix ans. L'indivision successorale en outre-mer est un véritable casse-tête à la fois politiquement mais aussi socialement. L'indivision successorale est la cause directe de la multitude de maisons abandonnées, dans les bourgs des villes et des communes, des collectivités de Martinique, Mayotte, Guadeloupe, Guyane et La Réunion. Afin de remédier à ce fléau, la loi, connue en outre-mer[123] sous le nom des parlementaires « loi Letchimy-Faure », prévoit que la règle de l'unanimité des indivisaires n'est plus requise. La loi du

[121] *Principe du recours à l'unanimité, répertoire de droit immobilier/indivision : régime légal*, C. Albiges, mars 2011.

[122] *Partage : droit commun*, C. Brenner, « Répertoire de droit civil », avril 2008.

[123] Cour d'appel de Fort-de-France, 19 novembre 2019, n° 17/00467.

décembre 2018-1244 déroge à la règle de l'unanimité de l'article 815-3 alinéa 7 du Code civil[124] et la remplace par une majorité de cinquante pour cent pour les successions ouvertes depuis plus de dix ans. Cette dérogation à la règle de l'unanimité du consentement des indivisaires, pour les actes de disposition sur des biens immobiliers, est applicable seulement dans certaines Collectivités d'outre-mer.

Il s'agit des collectivités soumises aux articles 73 et 74 de la Constitution de 1958. L'objectif de la loi 2018-1244 du 27 décembre 2018, paru au *Journal officiel* le 28 décembre 2018, prévoit une meilleure gestion de l'indivision en outre-mer, afin de débloquer du foncier, pour relancer le marché immobilier, et la création de nouveaux logements. Cette loi devrait permettre de régler, rapidement et facilement, les indivisions non réglées depuis plusieurs années. Elle permet le partage et la vente de biens indivis immobiliers, avec le consentement du ou des indivisaires, qui représentent la moitié des droits indivis. Dans les territoires d'outre-mer, l'accès au marché de l'immobilier était difficile notamment en raison de nombreuses situations d'indivision non réglées. Plusieurs conditions doivent être respectées pour bénéficier de la loi du 27 décembre 2018. Le bien doit dépendre d'une succession ouverte depuis dix ans. Seuls les indivisaires détenant plus de la moitié des droits indivis peuvent provoquer le partage ou la vente des biens indivis. Le bien susceptible de partage ou de vente ne doit pas constituer la résidence principale du conjoint survivant. La demande de partage ou d'une vente d'un bien indivis en présence de mineur, de majeur protégé, d'absent dans une indivision est soumise au juge des tutelles ou au conseil de famille. La loi du 27 décembre 2018 prévoit également une attribution préférentielle au profit de l'indivisaire requérant, s'il démontre qu'il occupe le logement indivis de manière continue, paisible et publique depuis plus de dix ans.

I) La « loi Letchimy-Faure » ne s'applique qu'aux départements d'outre-mer soumis aux articles 73 et 74 de la Constitution de 1958. Il s'agit de la Guadeloupe, de la Guyane, de la Martinique, de La Réunion et de Mayotte pour l'article 73 de la Constitution de 1958, et des Collectivités de Saint-Martin, Saint-Barthélemy et Saint-Pierre-et-

---

[124] « Indivision successorale : contestation des actes accomplis par un indivisaire », D 2010.1346.

Miquelon pour l'article 74 de la Constitution de 1958. II) La dérogation à l'article 8153 s'appliquera en outre-mer jusqu'au 31 décembre 2028.

1. L'indivision successorale dans les Collectivités d'outre-mer

L'objectif de la loi sur l'indivision successorale en outre-mer du 27 décembre 2018-1244 est de diminuer les logements insalubres, spécialement situés en centre-ville de Cayenne, en Guyane française – Pointe-à-Pitre et Basse-Terre en Guadeloupe sont dans le contexte d'un département et non pas d'une collectivité territoriale – et de Fort-de-France en Martinique[125]. La prolifération de ces logements, transformés en squats, est la conséquence des successions ouvertes depuis plus de vingt ans et non encore résolues. La crise du logement en outre-mer est telle qu'en Martinique, par exemple, près de 40 % du foncier privé se trouvent paralysés par l'indivision. Cela bloque la possibilité de construire des logements ou de réhabiliter les logements anciens et vétustes. En Guyane, les chiffres ne sont pas moindres, près de 50 % du foncier privé se trouvent en indivision. Les squats se développent à cause de l'immigration, en majorité haïtienne et brésilienne. Il existe une véritable crise du logement en outre-mer. La loi sur l'indivision successorale du 27 décembre 2018-1244, doit permettre de libérer du foncier pour permettre la construction de nouveaux logements. Cette loi s'applique aux départements d'outre-mer soumis à l'article 73 de la Constitution, à savoir la Guadeloupe, la Guyane, la Martinique, Mayotte et La Réunion ; ainsi qu'aux Collectivités d'outre-mer soumises à l'article 74 de la Constitution, à savoir Saint-Barthélemy, Saint-Martin et Saint-Pierre-et-Miquelon.

[125] Outre-mer, sortie des indivisions successorales de longue durée, Dalloz actualité, E. Botrel, 18 janvier 2019.

Le foncier disponible en outre-mer est tellement rare qu'il fait l'objet de vives tensions politiques. L'urgence d'un foncier disponible pour faire face à la pénurie de logements se fait davantage ressentir en Guyane et à Mayotte. La Guyane qui, malgré l'immensité de son territoire, voit une mise en valeur de ses terres, limitée à son littoral. Les départements et régions d'outre-mer sont confrontés à d'énormes difficultés dans le domaine de la gestion foncière. La majorité du foncier en outre-mer, à savoir 90 %, appartient à l'État, et les 20 % de biens immobiliers[126] restants sont privés et sont bloqués par une multitude de successions non résolues et qui demeurent, depuis des décennies, en indivision. 40 % des biens privés en Martinique et en Guyane appartiennent à des indivisions[127].

Ce phénomène constitue un frein à l'entretien des immeubles et au développement d'une offre satisfaisante de logements dans les territoires ultramarins. L'article 73 de la Constitution de 1958 autorise des adaptations du droit, lorsqu'elles sont rendues nécessaires par les contraintes et les caractéristiques particulières des Collectivités d'outre-mer[128]. Or, le problème du foncier disponible en outre-mer, permettant de faire face à la forte demande de nouveaux logements et la problématique de l'indivision, est celui du mystère du capital, à savoir l'origine de la propriété, la transmission et l'évaluation. Il s'agit fondamentalement de celle de la loi de la valeur dans la société du capital.

A) Le domaine d'application de la loi du 27 décembre 2018-1244

Cinq départements d'outre-mer sont régis par l'article 73 de la Constitution de 1958 : la Guadeloupe, la Guyane, la Martinique, La Réunion et Mayotte. Selon l'article 73 de la Constitution de 1958, ces cinq départements d'outre-mer sont assimilés législativement à

---

[126] *L'indivision : régime légal*, C. Albigès ; répertoire de droit immobilier, mars 2011, indivision successorale, sont étroitement liés. A) En vue de relancer la politique du logement en outremer, paralysée en grande partie par des problèmes liés à l'indivision successorale, la loi 2018-1244 du 27 décembre 2018 prévoit une sortie de l'indivision successorale en cinq articles.

[127] *Loi du 27 décembre 2018 visant à faciliter la sortie de l'indivision successorale*, Sophie Prétot, AJ Famille, 2019, p. 89.

[128] *Flash Defrénois*, n° 03, page 10.

n'importe quels autres départements de la Métropole. Mais la réalité en est tout autre.
En effet, chaque département d'outre-mer a ses spécificités locales. La Guadeloupe et la Martinique se trouvent dans la Caraïbe et font partie des Petites Antilles et sont entourées d'îles voisines anglophones ou latines ; La Guyane est située sur le continent Amérique du Sud. Elle est entourée des géants brésilien et vénézuélien ; La Réunion et Mayotte sont des départements français de l'océan Indien. Le principe d'assimilation ou le principe d'égalité avec les départements de la Métropole ne peut exister que dans les écrits. Chaque territoire d'outre-mer a ses spécificités et ces spécificités locales seront toujours, en ajoutant la forte immigration, un blocage à une assimilation avec les départements de la Métropole. D'autre part, c'est difficile de comparer les Collectivités de Saint-Martin et de Saint-Barthélemy à la Collectivité de Saint-Pierre-et-Miquelon, soumises à l'article 74 de la Constitution. En outre-mer, les grèves à répétition pour lutter contre la vie chère, dues aux importations venant de la Métropole, à l'immigration touchant particulièrement la Guyane et Mayotte, et le chômage qui atteint 50 % de la population de La Réunion démontrent réellement que l'organisation binaire des départements d'outre-mer ne fonctionne pas comme celle de la Métropole.
De ce fait, l'article 73 de la Constitution a été modifié en 2008, pour prendre en compte les caractéristiques propres de chaque département d'outre-mer. Dans sa nouvelle rédaction, la loi prévoit que dans les départements et régions d'outre-mer, les lois et les règlements sont applicables, mais peuvent faire l'objet d'adaptation en tenant compte des contraintes particulières que rencontrent ces collectivités. Les Collectivités d'outre-mer peuvent tenir compte de leurs spécificités pour fixer, elles-mêmes, les règles applicables sur leur territoire, dans un nombre limité de matières pouvant relever du domaine de la loi ou du règlement.

C'est dans ce contexte d'adaptation de l'article 73 de la Constitution qu'a été votée la loi du 27 décembre 2018-1244 visant à faciliter la sortie de l'indivision successorale[129], afin de relancer la politique du logement en outre-mer. Le dispositif dérogatoire de l'indivision successorale, applicable seulement en outre-mer, permet aux indivisaires, titulaires de plus de la moitié des droits indivis, de procéder

[129] Bull. civ. I, n° 49, Gaz. Pal. 16 sept. 2014, p. 33, obs. Casey J., RLDC 2014/116, n° 5476, obs. Pignarre L.- Fr.

devant le notaire de leur choix, aux opérations de partage et de vente de biens immobiliers, pour les successions ouvertes depuis plus de dix ans. Cette loi a été votée dans un contexte particulier à l'outre-mer. Le marché de l'immobilier est complètement paralysé, et le législateur, prenant en compte des spécificités locales, a permis une série de mesures destinées à faciliter la sortie de l'indivision, pour les successions dont le désaccord entre héritiers dure depuis de nombreuses années. La loi du 27 décembre 2018-1244, composée de cinq articles, apporte un véritable bol d'oxygène pour les Collectivités d'outre-mer, asphyxiées par la pénurie de logements due à l'indisponibilité de foncier constructible. Selon le député martiniquais, Serge Letchimy, « l'indivision n'est pas forcément perçue négativement, elle peut aussi être considérée comme un mécanisme de protection du patrimoine familial, dans les outre-mers ». Le maintien dans l'indivision est utilisé comme un outil pour empêcher la sortie des biens de la sphère familiale[130].

Mais c'est en même temps un facteur de paralysie pour le développement économique de l'habitat, en raison des innombrables difficultés à résoudre et les nombreuses successions ouvertes sur plusieurs générations. Ces successions non résolues peuvent parfois rassembler des centaines d'ayants droit indivisaires. C'est un fléau endémique largement répandu en outre-mer et qui aboutit à un gel du foncier. La loi du 27 décembre 2018-1244 est un dispositif plus simple et mieux adapté aux territoires d'outre-mer, car il permet de lever les obstacles existants entre les héritiers indivisaires qui ne parviennent pas à se mettre d'accord ou qui sont géographiquement éloignés les uns des autres.

*L'article 1er* de la loi prévoit que dans les Collectivités régies par l'article 73 de la Constitution et dans les Collectivités de Saint-Barthélemy, de Saint-Martin et de Saint-Pierre-et-Miquelon, régies par l'article 74 de la Constitution de 1958, que toute succession ouverte depuis plus de dix ans, le ou les indivisaires titulaires de plus de la moitié en pleine propriété des droits indivis peuvent procéder, devant le notaire de leur choix, à la vente ou au partage des biens immobiliers indivis situés sur le territoire desdites collectivités. La loi exclut

[130] Cassation 1re civile, 1er juin 2017, n° 16-19.990 ; Cassation 1re civile, 15 juin 2017, n° 16-16.031 ; Cassation 1re civile, 12 juillet 2017, n° 16-20.915.

cependant la vente et le partage du local d'habitation dans lequel réside le conjoint survivant. De plus, en présence d'un indivisaire mineur ou en présence d'un indivisaire majeur protégé, la vente et le partage ne peuvent être autorisés qu'avec l'accord du juge des tutelles ou du conseil de famille.

L'article 2 de la loi précise qu'en cas de vente ou de partage par le notaire du ou des indivisaires détenant plus de la moitié des parts indivises dans la succession, le notaire doit notifier aux autres indivisaires le projet de vente et de partage, par acte extrajudiciaire. Ce projet d'acte doit être publié dans un journal d'annonces légal et affiché sur un site internet[131]. Le projet d'acte de vente ou de partage mentionne l'identité du ou des indivisaires, à l'initiative du projet, leur quote-part dans l'indivision, la désignation du bien, le prix de vente estimé par deux experts immobiliers, la répartition du prix de vente entre tous les indivisaires, le nom et les coordonnées du notaire. La notification mentionne également l'identité et les coordonnées d'un éventuel acquéreur étranger à l'indivision. Si une personne étrangère à l'indivision voudrait acquérir le bien, on applique un dispositif similaire à celui prévu par l'article 815-14 du Code civil[132] ; la notification devra exposer le prix et les conditions de la cession ainsi que les éléments d'identification de l'éventuel acquéreur. Les autres indivisaires disposent d'un droit de préemption aux prix et conditions de la cession initialement projetée. La loi du 27 décembre 2018 renvoie dans son article 2 aux conditions du droit commun de l'article 815-14 du Code civil concernant la mise en œuvre de ce droit de préemption. Toute opposition des autres indivisaires[133] au projet d'acte doit être formée dans les trois mois et quatre mois pour l'indivisaire ayant son domicile à l'étranger. L'opposition du ou des indivisaires non majoritaire(s) doit être constatée suivant le procès-verbal du notaire, chargé de la vente. Le ou les indivisaires majoritaire(s) de plus de la moitié des parts indivises de la succession, devront saisir le tribunal de grande instance, afin d'être autorisés à passer à l'acte de partage ou de vente, si cet acte ne porte pas atteinte aux droits des autres indivisaires.

L'article 3 de la loi du 27 décembre 2018 précise une modification du Code des impôts, concernant les départements d'outre-mer régis par

---

[131] *Defrénois Flash*, 21 janvier 2019, n° 148, p. 10.
[132] CATALA, « L'indivision », *Defrénois* 1979. 1602, art. 32169.
[133] Cassation, 1re Chambre civile, 15 juin 2017, n° 16-16.031, p. 1859.

l'article 73 de la Constitution. La Guadeloupe, la Guyane, la Martinique, Mayotte et La Réunion sont sous la loi du 27 décembre 2018-1244 des Collectivités soumises à l'article 73 de la Constitution de 1958. L'article précise également que la loi ne s'applique plus jusqu'au 31 décembre 2025, mais jusqu'au 31 décembre 2028.
L'article 4 de la loi du 27 décembre 2018-1244 prévoit qu'un héritier indivisaire peut faire une demande d'attribution préférentielle du bien. L'article 831-2 du Code civil permet à l'héritier indivisaire d'invoquer qu'il réside dans le bien immobilier depuis plus de dix ans au moment du partage, et que sa possession est continue, paisible et publique, et sans que l'exigence de non-équivocité de l'article 2261 du Code civil, concernant la prescription acquisitive, ne soit reprise par ledit article de la loi.

L'article 5 de la loi du 27 décembre 2018-1244 précise qu'un héritier indivisaire et oublié dans la succession ne pourra pas invoquer l'annulation de l'acte de partage, soumis à la publicité foncière ; alors que l'article 887-1 du Code civil autorise l'annulation du partage. En effet, l'article 887-1 du Code civil dispose que le partage peut être également annulé si un des cohéritiers a été omis. Dans les Collectivités d'outre-mer, l'héritier indivisaire omis dans la succession ne pourra recevoir sa part qu'en nature ou en valeur. L'héritier omis dans une succession, dans les Collectivités d'outre-mer, ne pourra invoquer que l'alinéa 2 de l'article 887-1 du Code civil, qui lui autorise à ne percevoir sa part indivise qu'en nature ou qu'en valeur.

Le domaine d'application de la loi du 27 décembre 2018-1244 peut être résumé ainsi :

- Les indivisaires de plus de la moitié en pleine propriété sont autorisés à accomplir des actes de disposition sur les biens immobiliers ;
- L'attribution préférentielle peut être admise si le demandeur réside depuis plus de dix ans sur la propriété, au moment de la demande d'un partage judiciaire ;
- L'omission d'un héritier dans le partage n'entraine pas la nullité du partage mais l'héritier est autorisé à recevoir sa part soit en nature, soit en valeur ;

- Des mesures fiscales permettent une exonération de 2,50 % sur les actes de partage de succession et les licitations de biens héréditaires, dans les Collectivités d'outre-mer soumises aux articles 73 et 74 de la Constitution de 1958, et ce, jusqu'au 31 décembre 2028.

Malgré la dérogation temporaire de l'article 815-3[134] du Code civil accordée par le législateur aux Collectivités d'outre-mer régies par les articles 73 et 74 de la Constitution, B) le problème de l'indivision successorale en outre-mer ne sera résolu que par la volonté des indivisaires à sortir de l'indivision et à la rapidité des notaires de résoudre les successions ouvertes depuis plus de dix ans. Autrement, la loi du 27 décembre 2018-1244 sur l'indivision successorale en outre-mer risque de s'avérer inefficace et la crise des logements risque de durer dans le temps.

B) L'efficacité en demi-teinte de la loi du 27 décembre 2018-1244

Depuis toujours, la question du foncier constitue le frein principal du développement du secteur immobilier en outre-mer et notamment le développement des logements sociaux. La difficulté tient moins à la rareté du foncier qu'à l'imbroglio juridique qui entoure la question. Le logement en outre-mer est un sujet d'une importance considérable et est considéré comme une priorité. Le foncier en outre-mer est l'élément fondamental de l'économie locale. La crise du logement qui sévit dans les Collectivités d'outre-mer reste préoccupante malgré la mobilisation des organismes de logement sociaux. La gestion du foncier en outre-mer et l'alerte donnée par les députés et sénateurs ultramarins sur le manque de foncier sont une question préoccupante pour les acteurs

---

[134] Cassation 1re civile, 22 oct. 2014, n° 12-29.265, RJPF 2015-1/12, note Égéa V., AJ Famille, 2014, p. 707, note Desbuquois J.-F., D. 2015, p. 649, obs. Douchy-Oudot M., D. 2015, p. 2094, obs. Brémond V., Nicod M. et Revel J., JCP G 2015, 1137, obs. Hilt P. ; Cassation 1re civile, 12 juin 2014, n° 12-16.309, D. 2014, p. 1908, obs. Brémond V., JCP G 2014, 1265, obs. Simler Ph.

économiques locaux. En Guyane, la question du foncier, dont la part de 90 % est détenue par l'État, fait régulièrement l'objet de débat au sein de la population et de la classe politique locale. Cette mainmise de l'État sur les terres bloquerait, selon les politiques, le développement économique des Collectivités d'outre-mer. C'est un trésor sur lequel l'État règne presque sans partage. Le volume de 10 % de foncier restant pour développer le secteur immobilier est privé et non disponible. Les nombreuses indivisions successorales non résolues aggravent la situation.

En Guadeloupe et en Martinique, le contentieux sur le foncier englobe non seulement le contentieux de l'indivision successorale, mais aussi celui des servitudes et de la revendication de propriété. Il compte pour 30 % des affaires civiles. Ainsi en Martinique, la proportion de 40 % du foncier privé est gelée à cause de l'indivision de successions[135] ouvertes. Ce taux 50 % à Fort-de-France, où la question du logement est préoccupante ; ce taux atteint 83 % dans la commune de Macouba, située au nord de l'île. À La Réunion et à Mayotte, la problématique de l'indivision successorale est encore plus complexe. À Mayotte, par exemple, ce n'est qu'à partir du 1er janvier 2008 que le passage devant un notaire est devenu obligatoire, pour les transactions immobilières. Dans le village de Chiconi, à Mayotte, les trois quarts du territoire sont compris dans seulement deux titres fonciers. Le premier concerne soixante-neuf indivisaires connus, mais sans état civil complet, et le second titre foncier concerne six indivisaires nés en 1912 ou 1913. Quant aux travaux sur l'état civil qui ont débuté à Mayotte en 2009, ils ne sont toujours pas à ce jour terminés.

À La Réunion, l'indivision successorale atteint 25 %. Les particuliers divisent leurs terrains en lanières exiguës pour permettre d'allotir l'ensemble des indivisaires. Il en résulte des terrains inconstructibles, qui sont construits dans les faits et posent des difficultés pour

---

135 Cassation 1re civile, 26 juin 2013, n° 12-13.361, AJ Famille, 2013, p. 501, obs. Hilt P., D. 2015, p. 2094, obs. Brémond V., Nicod M. et Revel J.

l'urbanisation de certaines zones. Des communes entières ne peuvent pas mener de projets immobiliers pour contribuer à leur développement. On assiste dans les Collectivités d'outre-mer à une multitude de successions non réglées sur plusieurs générations dont les partages n'ont pas été réalisés ou enregistrés. Il existe pour certaines successions des dizaines, voire des centaines d'ayants droit indivisaires. De nombreuses familles en outremer sont non imposables et donc peu solvables. L'intervention du notaire est redoutée, car elle est trop coûteuse pour bon nombre d'indivisaires. La soustraction des terres, bloquées par l'indivision successorale, crée un effet de rareté et les parcelles immobilisées se déprécient. De nombreuses bâtisses en outre-mer sont laissées à l'abandon, notamment dans les centres urbains, et sont converties en squats. Sur le plan sanitaire, les bâtiments non entretenus deviennent des niches à épidémie, où prolifèrent les moustiques, vecteurs de la dengue, de la fièvre jaune et du chikungunya. Les indivisions successorales en outre-mer bloquent également les rentrées fiscales pour les collectivités et freinent le développement économique des régions ultramarines. La loi du 27 décembre 2018-1244 sur l'indivision successorale en outre-mer se substitue au droit commun. C'est un dispositif dérogatoire et transitoire limité à dix ans. Cette limitation dans le temps rend la tâche difficile pour les départements de Mayotte et de Guyane. L'équilibre constitutionnel du texte doit tenir pour qu'il ne tombe pas ; ce qui est fort à douter, car il est limité dans le temps.

2. La loi du 27 décembre 2018-1244 limitée dans le temps

La loi du 27 décembre 2018-1244, a vocation à purger certaines indivisions ultramarines, mais non à devenir une exception pérenne au droit d'origine de l'indivision. Le dispositif dérogatoire de l'indivision successorale n'a vocation à s'appliquer que jusqu'au 31 décembre 2028. Cette loi est donc limitée dans le temps[136]. Une loi est applicable

[136] « Tout l'enjeu est de faire de cette fenêtre temporaire (Carbonnier) une respiration du foncier et de la construction ». Balanant E., *JO*, rapp.AN, n° 547.

dans le temps, jusqu'à celle de son abrogation. Certains textes ne sont pris que pour une durée limitée auquel cas, ils cessent d'être en vigueur à l'expiration du délai prévu. Une loi est en vigueur tant qu'elle n'est pas abrogée. Or, d'abord, la dérogation à l'indivision successorale de la loi du 27 décembre 2018-1244 n'est applicable que pour libérer du foncier dans les Collectivités d'outre-mer, ensuite, une fois que le foncier est libéré et qu'il a permis le développement du secteur immobilier, cette loi dérogatoire à l'article 815-3 du Code civil est amenée à disparaitre. Mais pour deux Collectivités d'outre-mer, ce dispositif risque de s'avérer insuffisant ; il s'agit des Collectivités de Guyane et de Mayotte. Le taux de natalité en Guyane est le plus important de France, et les problèmes liés à l'immigration dans ces deux territoires ultramarins remettent en cause l'efficacité de la loi du 27 décembre 2018-1244.

A. Une loi seulement applicable jusqu'au 31 décembre 2028

L'élaboration de la loi suit un long processus qui peut devenir complexe. Au terme de ce processus, l'entrée en vigueur de la loi est subordonnée à sa promulgation et à sa publication. La loi n° 2018-1244 du 27 décembre 2018 visant à faciliter la sortie de l'indivision successorale et à relancer la politique du logement en outre-mer a été publiée le 28 décembre 2018 (*JORF* n° 0300). Cette loi est un dispositif dérogatoire, du texte sur l'indivision successorale concernant les actes de disposition d'un ou plusieurs biens indivis immobiliers. Alors que les actes de disposition requièrent obligatoirement l'unanimité des indivisaires[137], la loi n° 2018-1244 ne requiert plus l'unanimité des indivisaires, mais la majorité du ou des indivisaires. Cette loi, applicable uniquement en outre-mer, est temporaire. Cette dérogation à l'article 815-3 du Code civil ne pourra être appliquée que jusqu'au 28 décembre 2028. Au-delà du 28 décembre 2028, le dispositif dérogatoire de l'article 815-3 du Code civil risque d'être abrogé. Il faudra alors se souvenir des mouvements populaires en outre-mer de 2006, 2008, 2009 en Guadeloupe, à La Réunion, à Mayotte, et, très

---

137 Cassation 1re civile, 22 oct. 2014, n° 12-29.26, Bull. civ. I, n° 176 et Cassation 1re civile, 12 juin 2014, n° 1216.309, in « Chronique de droit des régimes matrimoniaux », *Defrénois*, 2015, p. 680.

récemment, en 2017 en Guyane. Cela souligne la persistance, voire l'aggravation des fragilités économiques et sociales des territoires ultramarins. Les territoires d'outre-mer ont un retard énorme de développement par rapport à la France métropolitaine. Les inégalités y sont plus marquées que sur le reste du territoire national. Longtemps enserrées dans une relation quasi exclusive avec la Métropole ou l'Union européenne, les économies ultramarines demeurent encore peu perméables à leur environnement régional. La situation des départements d'outre-mer en matière d'insalubrité et de l'habitat indigne présente une gravité et une acuité particulières. L'habitat indigne est estimé à environ cent mille logements dans les territoires ultramarins ; environ onze mille de ces logements sont considérés comme insalubres. Ce qui représente plus de 12 % du parc total des logements ultramarins. Les besoins en matière d'amélioration de l'habitat constituent donc un enjeu majeur de santé publique, et d'éducation.

La Guyane française connaît une forte croissance démographique depuis plusieurs décennies. Sa population est passée de 23 000 habitants en 1946 à environ 297 000 habitants en 2019, elle devrait atteindre 450 000 habitants en 2022. Cette forte croissance démographique est sous-tendue par un solde naturel positif mais aussi par l'attraction migratoire que la Guyane, territoire français et européen, exerce sur ses voisins sud-américains et caribéens, comme le Suriname, le Brésil et Haïti. La population étrangère en Guyane représente 30 % de la population totale guyanaise et 60 % des naissances sont de leurs faits. La moitié de la population guyanaise a moins de 25 ans. L'augmentation de la population entraîne une pression foncière et un accroissement des besoins en terre d'autant plus importants qu'en Métropole et dans les autres Collectivités ultramarines.

Mais près de 90 % du foncier est occupé par la forêt dense amazonienne qui appartient au domaine privé de l'État. Et dans ce contexte, l'occupation des terres est organisée de manière clandestine, et devient le seul moyen d'insertion territoriale, surtout pour les nouveaux arrivants. Cette situation s'observe, par exemple, dans les communes de Cayenne, Rémire-Montjoly, Matoury, où les populations étrangères occupent illégalement les terres de personnes privées ou de l'État. De véritables bidonvilles sont créés et ouvrent à la population haïtienne et brésilienne la possibilité de s'insérer ensuite dans les circuits socio-économiques en utilisant de faux papiers. Faute de moyens pour contrôler ces faux papiers, les immigrés sont attirés par la manne gratuite qu'offrent les caisses d'allocations familiales. L'immigration en Guyane[138] et à Mayotte grève lourdement le budget des Collectivités. À cela s'ajoute le problème de l'indivision successorale, où plus d'une centaine de maisons créoles au centre-ville de Cayenne sont laissées à l'abandon et deviennent des squats pour ces mêmes ressortissants étrangers. Il faudra certainement plus de dix ans pour régler le problème de l'indivision successorale en Guyane.

Le dispositif dérogatoire de dix ans de la loi du 28 décembre 2018-1244 risque d'être insuffisant pour régler le problème spécifique du foncier et de la forte immigration[139] qui subsiste en Guyane et à Mayotte. La rareté du foncier disponible en Guyane et à Mayotte et le problème de l'immigration ne peuvent être dissociés dans ces deux départements. La forte détérioration du parc privé, occupé par l'immigration illégale notamment en centre-ville, est due au problème de l'indivision successorale. À Mayotte et en Guyane, plus de la moitié de la population vit dans les quartiers prioritaires de la ville. La loi du 27 décembre-1244 sur l'indivision successorale en outre-mer, applicable jusqu'au 31 décembre 2028, est d'ores et déjà jugée insuffisante pour ces deux Collectivités.

B. Une loi insuffisante pour les Collectivités de Guyane et Mayotte

La Guyane et Mayotte ont beau être deux départements français, leur situation est hors norme. Cette situation explosive révélée par les récents mouvements sociaux, en Guyane et à Mayotte, révèle les graves défaillances de l'État, difficilement comblées par le peu de budget alloué à ces deux Collectivités d'outre-mer, pour lutter contre la pénurie de logements sociaux. La très forte immigration illégale, la rareté du

[138] Loi n° 2011-672 du 16 juin 2011 (*JO*, 17 juin) et issue de la loi n° 2006-911 du 24 juillet 2006, *JO* du 25 juillet.
[139] Revue juridique *Personnes et Famille*, n° 2, 1er février 2013.

foncier disponible font de ces deux départements d'outre-mer les oubliés de la République.

En Guyane, le foncier de l'État couvre près de 95 % du territoire et distingue deux espaces. Le premier espace recouvre la bande du littoral, qui s'étend sur toute la façade Atlantique, et qui représente environ 380 kilomètres. C'est sur cette bande de 22 % du territoire que se concentre une part de plus de 90 % de la population et de l'activité économique. La bande du littoral guyanais représente 782 000 hectares de terres, dont 400 000 hectares de forêts sont gérés par l'Office national des forêts. Le deuxième espace se situe à l'intérieur du territoire guyanais et couvre 80 % de la Guyane ; 10 % de la population y est concentrée. La quasi-totalité du foncier guyanais appartient à l'État. Elle est couverte par 99 % de forêts. Le parc amazonien de Guyane représente à lui seul 45 % de ces terres.
La Guyane connaît un enjeu massif de mobilisation du foncier appartenant au domaine privé de l'État[140] (art : L. 86 à L.88), [141] (R.164 à R. 170-71). L'État se révèle incapable à la fois de protéger les terres d'occupations illégales, et est incapable de mobiliser son foncier au service économique et social du territoire. À cela s'ajoute l'indisponibilité du foncier privé, due aux indivisions successorales non résolues. L'État dispose d'environ 90 % du foncier en Guyane. La Collectivité territoriale de Guyane ne possède que 0,3 % de la surface foncière pour développer sa politique de logements sociaux. Les personnes privées ne possèdent que 1,4 % des terres restantes, dont une grande partie est envahie par l'immigration clandestine.

Mayotte a la particularité d'avoir une géographie volcanique au relief relativement peu élevé mais où les pentes sont fortes et omniprésentes. Le relief de l'archipel est volcanique et les côtes sont très découpées. Mayotte représente environ 375 km^2 de superficie dont 20 % des terres sont inconstructibles, et 40 % difficilement constructibles ; soit un total d'environ 145 km^2. À l'heure actuelle, il y a seulement 25 km^2 de terres qui sont urbanisées. Le foncier disponible à Mayotte est rare, et n'arrive plus à faire face à une pression démographique constante et forte. L'insécurité foncière fait régner un climat d'extrême tension. L'île est

---

[140] Au sein du Code du domaine de l'État, l'Outre-mer départementalisé faisait l'objet d'un titre spécifique (Titre IV) intitulé « Dispositions spéciales aux départements d'outre-mer » (Partie législative et réglementaire, art. L. 86 à L. 88.
[141] R. 164 à R. 170-71.

confrontée à des conflits violents nourris par la pression migratoire[142] des îles voisines, par la multiplication des squats, par les difficultés de régularisation des occupations illégales et par le caractère endémique de l'indivision successorale. L'urgence sociale est avérée à Mayotte à cause de la rareté du foncier. La paralysie du foncier à Mayotte est de l'ordre de 40 %. Dans la seule commune de Chiconi, se regroupent les trois quarts du territoire, englobés dans seulement deux titres fonciers. Ces deux titres fonciers regroupent officiellement soixante-quinze indivisaires. Pour le député mahorais Mansour Kamardine, le dispositif de la loi du 27 décembre sur l'indivision successorale est un premier pas, mais qui reste insuffisant. Pour lui, la loi du 27 décembre 2018-1244 ne résout pas le blocage des politiques d'aménagement.

Ensuite, les droits de succession à Mayotte sont trop élevés, l'insuffisance d'office de notaires et d'huissiers est un frein à la fluidification des cessions foncières. Le dispositif de la loi sur l'indivision successorale est un premier pas pour fluidifier l'aménagement du foncier à Mayotte et en Guyane[143]. Mais face à une explosion démographique dans ces deux Collectivités, et face à une immigration incontrôlable, le dispositif temporaire de l'article 815-3 du Code civil accordé aux Collectivités d'outre-mer est clairement insuffisant pour la Guyane et pour Mayotte.

Conclusion

La loi n° 2018-1244 du 27 décembre 2018, visant à faciliter la sortie de l'indivision successorale et à relancer la politique du logement en outre-mer, a été publiée au *Journal officiel* et est entrée en vigueur le 28 décembre 2018. Grâce à cette loi qui est un dispositif dérogatoire de l'article 815-3 du Code civil, le législateur a voulu remédier aux situations délicates dans lesquelles un trop grand nombre d'indivisaires, souvent éloignés géographiquement, détiennent ensemble un patrimoine immobilier. Le marché de l'immobilier en outre-mer se

---

[142] N. Guimezanes, « La loi du 24 juillet 2006 relative à l'immigration et à l'intégration », *JCP G* 2006, I, 167.

[143] Cour de cassation, Chambre commerciale, Arrêt n° 480 du 30 mai 2018, Pourvoi n° 16-24.792.

trouve malheureusement paralysé par trop de successions ouvertes et non résolues. Pour remédier à ce problème, le droit commun de l'indivision successorale prévoit qu'en principe, si aucune convention n'a été conclue entre les indivisaires, la conclusion des actes de disposition sur le ou les biens indivis se fait à l'unanimité des indivisaires (article 815-3 du Code civil). La nouvelle loi du 27 décembre-1244 permet de déroger aux dispositions du Code civil. Elle s'applique uniquement en Guadeloupe, à La Réunion, à la Martinique, à la Guyane, à Mayotte, ainsi qu'à Saint-Barthélemy, Saint-Martin et Saint-Pierre-et-Miquelon[144]. L'article 1er de la loi du 27 décembre 2018 prévoit que pour toute succession ouverte depuis plus de dix ans, le ou les indivisaires titulaires de plus de la moitié en pleine propriété des droits indivis peuvent procéder, devant le notaire de leur choix, à la vente ou au partage des biens immobiliers indivis situés sur le territoire desdites collectivités.

Le texte prévoit toutefois un certain nombre d'exceptions. L'article 1 ne s'applique pas si l'un des indivisaires est mineur, majeur protégé, présumé absent ou encore si le bien en question est un local d'habitation dans lequel réside le conjoint survivant. De plus, l'opération est particulièrement encadrée, notamment au regard des obligations d'information et de publicité exigées. L'article 2 indique en effet que le notaire doit notifier le projet de cession par acte extrajudiciaire à tous les indivisaires et doit procéder à sa publication dans un journal d'annonces légales au lieu de situation du bien, ainsi que par voie d'affichage et sur un site internet.

Les informations devront comporter l'identité des indivisaires à l'initiative de l'opération, leur quote-part dans l'indivision, l'identité et les quotes-parts des indivisaires non représentés, le prix de vente et la valeur du bien. Tout projet de cession du bien à une personne étrangère à l'indivision sera également notifié. Il existe ensuite la possibilité pour les indivisaires n'étant pas à l'initiative du projet de s'opposer à l'opération, en principe dans un délai de trois mois à compter de la notification. Si un tel droit est exercé, la vente ou le partage du bien devra alors être autorisé par le tribunal de grande instance qui va

[144] La loi n° 2018-1244 du 27 déc. 2018 (*JO* du 28) prévoit un assouplissement des règles de gestion de l'indivision en outre-mer, à savoir en Guadeloupe, Guyane et Martinique ainsi qu'à Mayotte, La Réunion, Saint-Barthélemy, Saint-Martin et Saint-Pierre-et-Miquelon, AJ Famille, 2019, p. 89.

apprécier la présence ou non d'une atteinte excessive aux droits des indivisaires minoritaires. Le dispositif dérogatoire de la loi du 27 décembre prévoit un droit de préemption pour les indivisaires n'ayant pas initié l'opération.

Cela signifie concrètement qu'en cas de cession du bien, ils ont la priorité sur les personnes étrangères à l'indivision. Ces mesures démontrent l'effort du législateur pour mettre fin aux nombreuses indivisions successorales en outre-mer[145], non résolues. Ces mesures permettent une grande souplesse du droit de l'indivision dans les Collectivités ultramarines. Encore faut-il que les principaux intéressés prennent l'initiative de la démarche dans des situations restées immobiles pendant des années.
Beaucoup d'Ultramarins craignent le notaire, alors pour stimuler les opérations de partage, le législateur a aussi prévu une exonération du droit de partage, qui s'élève normalement à 2,50 % de la valeur des immeubles. Les actes de partage de succession et les licitations de biens héréditaires, répondant aux conditions prévues au II de l'article 750, sont exonérés du droit de 2,50 % à hauteur de la valeur des immeubles situés à Mayotte, Saint-Barthélemy, Saint-Martin et Saint-Pierre-et-Miquelon. Ces mesures fiscales ont été étendues à l'ensemble des départements et régions d'outre-mer et prolongées jusqu'au 31 décembre 2028. À ce jour, le dispositif de la loi Letchimy n'a pas convaincu en outre-mer, jugé trop lourd à mettre en place ; chaque héritier minoritaire doit être assigné par voie d'huissier, il n'est, par conséquent, pas utilisé par les avocats et les notaires.

[145] Le législateur a décidé de mettre en œuvre des règles dérogatoires au droit commun de l'indivision en outremer et, par conséquent, de renouveler la logique des lois n° 2014-1170 du 13 oct. 2014 d'avenir pour l'agriculture, l'alimentation et la forêt (art. 85) et n° 2017-285 du 6 mars 2017 visant à favoriser l'assainissement cadastral et la résorption du désordre de propriété (art. 2).

Chantal PRÉVOT est docteure en droit privé de l'Université de Guyane. Spécialisée en droit notarial, ses travaux sont polarisés sur la problématique des suretés et de la gestion de la transmission du patrimoine. Elle exerce les activités de consultant juridique.

Amazonian Journal of International Development and Management Studies
Revue Amazonienne d'Études du Développement International et du Management

Instructions aux auteurs

AJIDMS accepte à publication des articles après examen du comité de lecture. Les papiers doivent suivre les indications suivantes :

– être soumis en anglais ou en français, couvrir 20 ou 30 pages (6 250-8 500 mots), tout inclus. Le texte en entier, les notes et les références doivent être en caractère normal times new roman de préférence, police 12. La liste de sources citée doit être en ordre alphabétique, avec toutes les précisions sans abréviation. Un résumé de 100 mots ou moins doit être inclus en français et en anglais. Le nom, l'affiliation et tous les contacts de l'auteur devront y figurer. Les manuscrits sont adressés par mail à :

Paul Roselé Chim

Paul.roselle@univ-guyane.fr
Paul.rosele-chim@wanadoo.fr

Nestor Radjou
Exp.dev@orange

AJIDMS reçoit aussi des articles courts qui présentent un point de vue personnel relatant des expériences de développement économique dans les régions du monde, des papiers théoriques, des analyses interdisciplinaires, des études empiriques, des études de cas et des travaux qui ont une implication significative sur les stratégies et les politiques de développement. L'auteur reçoit la décision de publication après expertise de son article.

Amazonian Journal of International Development and Management Studies
Revue Amazonienne d'Études du Développement International et du Management

Instructions to authors

AJIDMS accepts for publication articles after the examination of the committee of lecture. Papers must be as the guide-lines described below. Manuscripts may be submitted in French or English, have between 20 and 30 pages (6250-8500 words), all materials included. All text, notes, references and appendix materials must be double-spaced with 12-point type in New Roman. Tables may be single-spaced a complete list of sources cited must be included, references listed alpabetically with full publication information without any abbreviations. An abstract of 100 words or less should be included. The name, affiliation and full contact details of the author should be given.

AJIDMS aims to provide a platform for researchers of economics, management, law and social science from all over the world to present their research results and development activities. The Journal is published 2 times a year. It covers some special issues depending on Scientific International Conference on Development and Management. The papers submitted to *AJIDMS* are evaluated before publishing by the advisory board. Manuscripts should be directed to the *AJIDMS* editorial office by the email.

Please submit your article to:

Paul Roselé Chim
Paul.rosele-chim@wanadoo.fr
Paul.roselle@univ-guyane.fr
Nestor Radjou
Exp.dev@orange.fr

After the expertise, the authors receive a response for publishing decision. Regards.

Structures éditoriales du groupe L'Harmattan

L'Harmattan Italie
Via degli Artisti, 15
10124 Torino
harmattan.italia@gmail.com

L'Harmattan Hongrie
Kossuth l. u. 14-16.
1053 Budapest
harmattan@harmattan.hu

L'Harmattan Sénégal
10 VDN en face Mermoz
BP 45034 Dakar-Fann
senharmattan@gmail.com

L'Harmattan Cameroun
TSINGA/FECAFOOT
BP 11486 Yaoundé
inkoukam@gmail.com

L'Harmattan Burkina Faso
Achille Somé – tengnule@hotmail.fr

L'Harmattan Guinée
Almamya, rue KA 028 OKB Agency
BP 3470 Conakry
harmattanguinee@yahoo.fr

L'Harmattan RDC
185, avenue Nyangwe
Commune de Lingwala – Kinshasa
matangilamusadila@yahoo.fr

L'Harmattan Congo
219, avenue Nelson Mandela
BP 2874 Brazzaville
harmattan.congo@yahoo.fr

L'Harmattan Mali
ACI 2000 - Immeuble Mgr Jean Marie Cisse
Bureau 10
BP 145 Bamako-Mali
mali@harmattan.fr

L'Harmattan Togo
Djidjole – Lomé
Maison Amela
face EPP BATOME
ddamela@aol.com

L'Harmattan Côte d'Ivoire
Résidence Karl – Cité des Arts
Abidjan-Cocody
03 BP 1588 Abidjan
espace_harmattan.ci@hotmail.fr

Nos librairies en France

Librairie internationale
16, rue des Écoles
75005 Paris
librairie.internationale@harmattan.fr
01 40 46 79 11
www.librairieharmattan.com

Librairie des savoirs
21, rue des Écoles
75005 Paris
librairie.sh@harmattan.fr
01 46 34 13 71
www.librairieharmattansh.com

Librairie Le Lucernaire
53, rue Notre-Dame-des-Champs
75006 Paris
librairie@lucernaire.fr
01 42 22 67 13

www.ingramcontent.com/pod-product-compliance
Lightning Source LLC
LaVergne TN
LVHW011013061026
849535LV00006B/1853